SOUVENIRS

ET

TABLEAUX POÉTIQUES.

Se trouve chez DAUVIN et FONTAINE , libraires, passage
des Panoramas, n° 35.

Et chez SERGOT (Gustave), libraire, rue de la Verre-
rie, n° 59.

PARIS. IMPRIMERIE DE BOURGOGNE ET MARTINET,
rue Jacob, 30.

SOUVENIRS

ET

TABLEAUX POÉTIQUES.

PARIS ET LA BRETAGNE,

PAR

M. A. DEPASSE.

PARIS,

LIBRAIRIE DE CHARLES GOSSELIN,

9, RUE SAINT-GERMAIN-DES-PRÉS.

1842.

A

M. de Chateaubriand.

Hommage de respect et de reconnaissance,

A. DEPASSE.

Le livre que je présente au public n'étant
qu'un essai, qu'une annonce en vers d'ouvrages
plus importants, à peu près terminés; en hy-
pothéquant l'avenir, chose à la vérité de toutes
la plus incertaine, dès à présent rien ne m'em-
pêcherait de prendre, comme tant d'autres,
un ton tranchant, de grands airs de supériorité.

Je devrais, je le sais, me conformer à un
usage devenu général; en agir sans compliment
avec le lecteur, afficher un aplomb, un sang-
froid imperturbables, surtout éviter avec soin
de laisser percer mon embarras.

> Un auteur à genoux, dans une humble préface,
> Au lecteur qu'il ennuie a beau demander grâce;
> Il ne gagnera rien sur ce juge irrité.

Par malheur les façons cavalières ne me
vont pas. Au moment d'affronter le grand jour
de la publicité, dût l'aveu paraître naïf, oui,

je le confesse à ma honte, ma crainte redouble, mon anxiété est extrême. Mon inquiétude est d'autant plus grande, qu'en cas d'échec mon intention n'est pas de m'en prendre à la prétendue indifférence du public pour tout ce qui est vers, poésie, d'une chute qui ne devrait être imputée qu'au peu de talent de l'auteur.

Avec cette conviction que me reste-t-il à faire? Dois-je me battre les flancs pour écrire une préface bien prétentieuse, et me jeter dans des divagations oiseuses? A propos de cinq ou six odes et de trois ou quatre ballades péniblement rimées, me poserai-je en réformateur de mon siècle? m'efforcerai-je d'éblouir la foule par le grandiose des images, de l'étourdir par la pompe des périodes? Non : je laisse ce genre de charlatanisme à nos géants littéraires, et je préfère présenter humblement au lecteur bienveillant ce modeste recueil de poésies.

NOTRE-DAME DE PARIS.

A toi, l'hymne du soir, antique Notre-Dame !
Comme le passereau, combien de fois mon âme
    Revint, vers le déclin du jour,
S'abriter à ton seuil ! que de fois ma pensée,
Sur la vague qui dort doucement balancée,
    S'envola sur ta haute tour !

    Quelle fée orna tes tourelles
    De gaze d'or et de dentelles,

De riches tapis du Levant.
Le jour, tes longues galeries
Semblent autant de broderies
Qu'on voit flotter au gré du vent.

A ta base, une triple ogive
Soutient sur sa courbe massive
Le poids de l'édifice entier ;
Et bientôt, d'étage en étage,
S'élève l'élégant feuillage
Du sycomore et du palmier.

Tes frêles, tes sveltes colonnes,
Comme autant de fraîches couronnes
Portent de légers chapiteaux,
OEuvre encore à moitié barbare,
Où le goût sarrasin s'égare
En des dessins toujours nouveaux.

Entre tes deux tours, ta rosace
Se balance à travers l'espace,
Riche écrin semé de rubis ;
Et le soleil en mosaïque
Peint la vieille arcade gothique,
Et le marbre de ton parvis.

Ton grand portail est une page
Où chaque pierre a son langage ;
Où, symbole mystérieux,
Les saints, près des démons obscènes,
Retracent en diverses scènes
La foi simple de nos aïeux.

Les passereaux, les hirondelles,
Au creux de tes vieilles tourelles
Prennent plaisir à se percher ;
Les anges, blanches tourterelles,
Aiment, en reployant leurs ailes,
A se poser sur ton clocher.

Monument plein de poésie,
Oui, les doux songes de l'Asie
Sur toi planent en souriant ;
Et la foi vive de nos pères
Trouva tes ogives légères
Sous le beau ciel de l'Orient.

O vaste basilique ! ó magnifique temple !
Saisi d'un saint respect, de loin je te contemple.
   Les rois, abaissant leur orgueil,
A tes sombres piliers ont appendu leurs armes ;
Le Sicambre soumis arrosa de ses larmes
   La dalle humide de ton seuil.

Royale nef de Notre-Dame,
Ah ! par une couleur infâme
Tes murs n'étaient point envahis ;
Une blafarde et triste teinte
N'avait point sali ton enceinte,
N'avait point souillé tes lambris !

Alors, au temps de la prière,
De nombreux torrents de lumière
Inondaient l'édifice à travers les vitraux :
Aux jours de joie, aux grandes fêtes,
Le vent, sur des milliers de têtes,
Faisait tressaillir les drapeaux.

De saintes, de nobles bannières,
Dépouilles sanglantes des guerres,
Pendaient aux voûtes, aux piliers ;
De l'orgue les graves murmures
Se mêlaient au bruit des armures
De nos valeureux chevaliers.

L'évêque entouré du chapitre,
La crosse en main, ceignant la mitre,
Sous le porche encensait les rois.
Et le prince assis dans sa stalle,
Devant la chaire épiscopale,
Chantait l'office à pleine voix.

La foule inondait tes portiques ;
A l'ombre des piliers gothiques,
Avec leurs nobles damoisels
On voyait arriver les reines,
Et les gentilles châtelaines
Prier dans leurs riches missels.

Autrefois ta flèche élancée,
Ainsi qu'une sainte pensée
Semblait se perdre dans les cieux ;
Au faîte de l'aiguille aiguë,
La croix scintillant dans la nue
Ombrageait ton front glorieux.

Le regard affligé s'étonne
De ne plus voir cette couronne
Qui reflétait les feux du jour ;
Que le soleil à son aurore
Redorait, et le soir encore
Qu'il saluait avec amour.

Qui te rendra ta gloire et ta splendeur première?

Qui soutiendra tes murs qui tombent en poussière?

    Quel moderne Zorobabel,

O fleuve du Jourdain! ramenant sur tes rives,

De l'antique Juda les familles captives,

    De Dieu rétablira l'autel?

Août 1840.

HÉLOISE ET ABEILARD.

Temple où près des autels tremblante, prosternée,
J'ai veillé tant de fois, d'ombres environnée,
Des marbres de vos saints embrassant les genoux.

LETTRES d'*Héloïse et d'Abeilard.*

Quand Phœbé se lève,

Mon âme alors rêve,

Seine, et sur ta grève

J'aime à revenir ;

Oui, tout est mystère,

Près du sanctuaire

Triste et solitaire

Tout est souvenir.

C'est là qu'Héloïse
Souvent s'est assise,
Livrant à la bise
Son beau front rêveur ;
D'un regard humide
Contemplant, timide,
L'eau qui fuit rapide,
Pareille au bonheur.

Là, sans être vue,
La nymphe ingénue
Se baignait mi-nue
Dans le flot d'argent ;
Les branches des saules,
Aux vertes folioles,
Couvraient ses épaules
D'un voile élégant.

Doucement émue,
Pour lui prévenue,

C'est là qu'à sa vue
S'offrit Abeilard ;
Et sous l'œil austère
D'un oncle sévère,
Héloïse à terre
Baissa son regard.

Mentor peu fidèle
De la jouvencelle,
Assis là, près d'elle,
Au déclin du jour,
A sa jeune élève,
Tendre fille d'Ève,
A l'ange qui rêve,
Il parlait d'amour.

Or, ce doux langage
Plaît bien davantage,
Surtout au jeune âge,
Que latin et grec ;

La dialectique
Est bien prosaïque,
De la scolastique
Le style est bien sec.

Quand Phœbé changeante
Leur prêtait, tremblante,
Sa clarté mourante,
Le soir à couvert,
Sous l'épais ombrage,
Errant sur la plage,
Ils bravaient la rage
Du moine Fulbert.

La vierge naïve
Que cachait l'ogive,
Jusqu'à l'autre rive
D'un dernier regard,
Amante fidèle,
Comme l'hirondelle,

Suivait la nacelle
Qui porte Abeilard.

Doux baisers, caresses,
Serments et promesses,
Charmantes faiblesses,
Craintes, tendres soins,
Et plaintes amères,
De ces doux mystères
Ces lieux solitaires
Ont été témoins.

Blanche tourterelle
Atteinte sous l'aile,
Quand plus tard sur elle
Fondit le malheur;
Non, jamais amante
N'eut, même mourante
Plainte plus touchante,
Plus noble douleur :

« Bonheur de l'enfance,

» Paix de l'innocence,

» Doux ciel, espérance,

» Pour son seul amour,

» Sort digne d'envie !

» Oui, je sacrifie

» Mon bonheur, ma vie,

» Mais qu'il m'aime un jour !

» Oui, qu'il m'aime une heure,

» Qu'en son sein je pleure,

» Et qu'après je meure

» D'amour en ses bras !

» Je prétends souscrire

» A mon long martyre,

» Et je veux sourire

» Au sein du trépas.

» Quand vengeant l'outrage

» Fait à mon jeune âge,

» Leur aveugle rage
» Causa nos malheurs ,
» J'aurais, jeune et belle,
» Trouvé moins fidèle ,
» Une amour nouvelle ,
» Des destins meilleurs.

» Comme l'herbe en plaine ,
» Je fauchais sans peine
» Mes cheveux d'ébène ;
» Séduisants attraits ,
» O beauté mondaine ,
» Dont j'étais trop vaine ,
» Un voile de laine
» Vous cache à jamais.

» Mon époux l'ordonne
» Eh bien , j'abandonne
» Tout ; je me fais nonne
» Au bourg d'Argenteuil ,

» Fille obéissante ,

» Et docile amante ,

» Je descends vivante

» Dans mon froid cercueil. »

Voilà comme on aime

D'un amour extrême

Un autre soi-même ;

Jamais seule au nid

Ne vient la colombe ;

Et si l'on succombe ,

Une même tombe

Un jour vous unit.

Septembre 1840.

LA FAUVETTE.

L'industrieuse fauvette,
Si pimpante, si coquette,
Fait son nid
Sous la touffe d'aubépine;
L'adroite, de laine fine
Le garnit.

Sur le grimpant chèvre-feuille,
Sur les bouleaux elle cueille

Le matin
Un duvet blanc ; vive, accorte,
En sautillant elle apporte
        Son butin.

Elle vole dans la crèche,
Prendre un peu de paille fraîche.
        Et du crin
Sur le dos des vaches rousses :
Elle unit le crin aux mousses
        Brin à brin.

Le nid est fait ; la pondeuse
Sans se lasser couve heureuse,
        Nuit et jour,
Avec zèle, avec constance,
Ses œufs, sa chère espérance,
        Son amour.

Avec grand soin elle guette
Et si de loin la pauvrette
     Voit quelqu'un,
Elle va traînant de l'aile,
Pour attirer après elle
     L'importun.

L'intéressante couvée
Une fois bien élevée,
     Elle dit :
Oisillons, troupe éveillée,
Voltigez sous la feuillée,
     Loin du nid.

31 août 1841.

NAPOLÉON.

NAISSANCE DU ROI DE ROME.

Il est né le fils du grand homme,
Il est né César, roi de Rome,
L'héritier de Napoléon.
Dans ses transports, la ville entière,
Du héros qu'elle aime et révère
Vient saluer le rejeton.

Quel cœur pourra jamais comprendre,
Quel langage humain pourrait rendre
2*

Ce que dut ressentir de joie et de bonheur,

Ce que dut éprouver en lui-même un tel père,

Quand il vit cet enfant dans les bras de sa mère,

    Quand il le pressa sur son cœur !

On dit que le héros, nourri dans les alarmes,

Pour la première fois alors versa des larmes;

    On dit qu'Octave triomphant,

Dont le bras sans trembler aurait porté le monde,

Tant son émotion fut subite et profonde,

    Fléchit sous le poids d'un enfant.

Il contempla long-temps son fils avec ivresse,

Son regard se couvrit de larmes de tendresse,

Et puis il s'écria : « Jour trois fois fortuné !

» Oui, tu vaux à toi seul ma plus belle victoire,

» Et je voudrais donner la moitié de ma gloire

    » Pour toi, mon premier-né,

» Par le droit du vainqueur, par le droit de mon glaive,

» Au trône des Césars en naissant je t'élève ;

» Salut ! mon bien-aimé, mon fils, Napoléon !

» Illustre rejeton de ma race féconde,

» En attendant qu'un jour je te donne le monde,

  » Je te lègue mon nom !

» Par ce nom que je viens imposer à ma race,

» Par le nom de Clovis, dont j'ai suivi la trace,

« Par le nom de Martel, je te consacre roi ;

» Tu règnes dès ce jour, je le veux, je l'ordonne ;

» Un sceptre est ton hochet, cette triple couronne,

  » O mon fils, est à toi !

» Rayon, brillant reflet de ma grandeur suprème,

» Pour mon premier présent reçois ce diadème,

  » C'est celui du roi des Romains ;

» Dans un noble manteau j'ai découpé tes langes,

» Le Tibre, l'Éridan, sont les deux riches franges

  » Que j'y rattache de mes mains.

» O mon fils ! avant toi, quel enfant à ton âge

» Reçut de ses parents un plus bel apanage ?

 » Fils d'empereur, ou fils de roi ?

» Serait-ce Carloman, ou Louis, ou Lothaire ?

» Non, ta part est plus belle ; aussi jamais quel père

 » Fut plus grand, plus heureux que moi ?

» Enfant, que je chéris cent fois plus que moi-même,

» Mes larmes sur ton front sont l'huile, le saint chrème,

» Sont le baume qui doit te sacrer à jamais;

» Ma gloire est l'Esprit-Saint qui sur toi va descendre ;

» Je te fais roi... Hors Dieu, que nul n'ose prétendre

 » A défaire ce que je fais !

» Mes projets de géant ne sont donc plus des rêves !

» Mes travaux entrepris un jour tu les achèves !

 » A moi le présent, l'avenir !

» Quoi qu'il puisse arriver, à peine commencée,

» L'œuvre immense qu'osa concevoir ma pensée

 » Avec moi ne doit point finir !

» Ce monde était trop vieux.... de haines intestines

» Il était tout usé... De ces tristes ruines

» J'ai voulu faire un monde et plus jeune et meilleur :

» A de si grands desseins si je ne puis suffire,

» Viens achever ma tâche, et sois de cet empire

　　» Le second fondateur.

» Grandis vite, ô mon fils ! pour égaler ton père ;

» Sois un roi conquérant, sois un foudre de guerre ;

» Jusqu'aux bords inconnus recule tes États ;

» Viens, triomphe, combats, défends, punis, pardonne ;

» Brise le sceptre aux mains, arrache la couronne

　　» Du front des plus fiers potentats.

» Ou plus grand, mais surtout plus heureux que ton père,

» Si tu peux déposer ta foudre, ton tonnerre,

» D'un éclat moins sinistre environnant ton nom,

» Des princes bienfaisants l'exemple, le modèle,

» A côté de Trajan, non loin de Marc-Aurèle,

　　» Tu prendras place au Panthéon. »

Le Panthéon, mais c'est la tombe,
C'est la mort, à vingt ans, hélas !
Jeune aiglon ou faible colombe,
Qu'aujourd'hui berce entre ses bras
Avec tant d'amour le Grand Homme ;
Ce n'est pas à Paris, à Rome,
Que le marbre doit vous couvrir :
Captifs, qu'unit la même chaîne,
C'est à Schœnnbrünn, à Sainte-Hélène,
Que tous deux vous devez mourir.

SAINTE-HÉLÈNE.

Mai 1821.

— ❈❀❈ —

Pendant un lustre entier, jouet d'un Hudson-Lowe,
De ce vautour anglais, au front bas, à l'œil fauve,
On vit le plus grand des humains
Souffrir tous les tourments inventés par la haine,
Sur ces rochers déserts traîner la lourde chaîne
Qui chargeait ses vaillantes mains.

Errant à l'écart sur la grève,
Parfois il se disait : « Ma vie est-elle un rêve ?

» Enfant, je vis ainsi le ciel, l'Océan bleu,

» Bastia, Bastia ! mer, plage bien-aimée,

» Combien ta brise était suave, parfumée !

» Mer, ciel, terre, rivage, ici tout est de feu ! »

Debout sur un rocher, immobile, en silence,

Il contemplait pensif cet océan immense

Ceignant de tous côtés son affreuse prison ;

Son œil d'aigle semblait chercher comme une étoile

Un signal convenu, la nacelle, la voile,

    Invisibles à l'horizon.

Au souffle furieux de l'ardente rafale,

Ses cheveux clair-semés flottaient sur son front pâle,

Pareils à ces épis par la faux oubliés,

Au temps de la moisson, par une main soigneuse,

Par les doigts délicats de la jeune glaneuse,

    Pour l'hiver en gerbes liés.

Parfois il espérait qu'une voix inconnue
Tout-à-coup sortirait du milieu de la nue,
Et laisserait tomber la parole de paix;
Mais le tonnerre au loin, mais la voix de l'orage,
Mais le flot irrité mourant sur le rivage
   Lui redisait : Jamais!

Ici tu dois mourir! n'espère paix ni trève,
Pour te frapper encor le bras de Dieu se lève!
Quel autre aussi puissant pourrait te secourir?
Cesse de te flatter d'une folle espérance,
Tu ne dois plus revoir ni ton fils, ni la France;
   Ici tu dois mourir!

Et l'on creusa la fosse à l'ombre des vieux saules,
Et les soldats anglais sur leurs larges épaules
Portèrent un cercueil.... L'infâme gouverneur
Du tombeau refermé scella la lourde pierre.

Sous un ciel africain, ce petit coin de terre
Fut le lot du grand empereur.

Dix ans après, hélas ! le fils suivit le père,
L'enfant eut à son tour cinq ou six pieds de terre,
Ce qu'il en faut aux morts. Trône, monde promis
Au jour de sa naissance à ce César, fantôme !....
Voilà ce qui restait de ce vaste royaume
Qui renfermait Rome et Paris.

Tous deux frappés de mort !... Mais quel est donc ce crime
Que n'a pu racheter la plus noble victime,
Que ne put expier le plus saint repentir,
Ce crime pour lequel, dans sa juste colère,
Dieu poursuit dans l'enfant la faute de son père
Sans se laisser fléchir ?

Est-ce, Napoléon, dans ton ardeur guerrière,
Parce que, poursuivant ta course aventurière,
Tu ne t'arrêtas pas en ce chemin glissant?
Pareil à ces coursiers qui vont foulant les gerbes,
Le tien broyait les fronts des potentats superbes,
    Piétinait d'aise dans le sang.

Mais la terre, en tout temps, fut en fléaux fertile;
Depuis les anciens jours, on peut compter par mille
Les cruels Attila, les hideux Gengis-Kan ;
Alexandre, César, ont ravagé la terre,
Et la postérité, pour tant d'autres sévère,
    Les appelle du nom de grand.

Ton crime est-il d'avoir, Corse au teint pâle et blême,
Sur ton front plébéien posé le diadème,
Par-dessus tes lauriers ceint le bandeau royal?
Quel enchanteur jaloux, quel devin eût pu croire
Que l'antique ornement que redorait ta gloire
    Bientôt te deviendrait fatal?

Jeune encor, tu revêts la pourpre consulaire,

Tu triomphes vingt fois ; le lion populaire

Offre sa tête au joug et s'attelle à ton char.

Porté sur le pavois par la voix unanime ,

Quel pouvoir fut jamais plus saint, plus légitime ,

    Que le tien, moderne César ?

Ta cour est dans les camps, sous la tente est ton trône,

Ton sceptre est une épée , et ta jeune couronne

S'embellit de lauriers en vingt endroits conquis ;

De ton couronnement le grand anniversaire

Est dignement fêté.... Ce jour si beau s'éclaire

    Du brillant soleil d'Austerlitz !

Mais vint l'heure fatale où l'impie étrangère

Fut, tremblante, introduite en ta couche adultère.

De ce commerce impur dès qu'un fils te fut né ,

Tu voulus, à ton tour, fonder ta dynastie ,

Enter ton rejeton sur la souche pourrie

    D'un tronc antique et blasonné.

La liberté, pour toi, dès lors ne fut qu'un songe,
La sainte égalité fut un rêve, un mensonge,
Un mot sonore, creux, et dépourvu de sens,
Un charme dont se sert tout jongleur populaire,
Un leurre éblouissant qu'on présente au vulgaire,
    Un appât qu'on jette aux passants.

Eh bien ! voilà pourquoi ta famille est proscrite,
Tes amis exilés et ta race détruite ;
En ce moment fatal, spectacle déchirant !
Pour lui fermer les yeux à son heure dernière,
Ayant à son chevet une reine adultère,
    Pourquoi ton fils est là mourant.

C'est pour cela que Dieu finit par te maudire,
Détruisit tes projets, partagea ton empire ;
Que tes brillants exploits, ô grand Napoléon !
A peine après vingt ans, ne sont que de l'histoire,
    Et que de tant de gloire
    Il ne reste qu'un nom !!!

Septembre 1849.

L'ALOUETTE.

—❈❀❈—

Petite alouette,
Alerte et coquette,
Que ta chansonnette
Sourit à mon cœur !
Que ta voix touchante
Me plaît et m'enchante !
Alouette, chante,
Chante ton bonheur.

Ce réduit champêtre ,

Ce sillon peut-être ,

Hélas ! t'a vu naître ;

Là s'est écoulé

Le cours de ta vie ;

Loin de ma patrie,

Loin de mon amie,

Je suis exilé.

Dans l'air plane et nage.

Ris-toi de l'orage ,

Le ciel sans nuage

Promet un beau jour.

Dans ton gai langage

Dis-moi : Bon voyage !

Dans ton doux ramage

Dis-moi : Prompt retour !

Gentille alouette ,

Crains d'être indiscrète :

Le méchant te guette,

De l'œil il te suit;

Et dans ta cachette,

Là-bas sous l'herbette,

Il pourrait, pauvrette,

Découvrir ton nid.

Petite alouette,

O toi, du poëte

Image parfaite,

Contente de peu,

Dans les cieux ravie,

Tu passes ta vie,

Sans soins, sans envie,

Te fiant à Dieu.

Pars avec vitesse,

Va vers ma maîtresse;

Dis-lui ma tristesse,

Dis-lui mes douleurs;

Dis-lui, je t'en prie,

Que loin de ma mie,

Loin de ma patrie,

Je languis, je meurs !

1857.

Le Combat des Trente.

(1355)

A mon cousin Hippolyte De Lalande de Calan.

—⚜—

> Jeune garçon, on ne combat ici
> Pour remporter à sa mère la gloire
> D'avoir lauriers ; le prix de la victoire
> N'est ni trépied, ni cheval, ni écu,
> Mais bien la vie et le sang du vaincu.
>
> RONSARD.

« Que Satan te guide,

» Mon coursier rapide,

» Sur le cou la bride,

» Et pars au galop.

» Oui, coûte que coûte,

» Dévore la route ;

» Il faut qu'à la joute

» J'arrive assez tôt.

» Quand je prends mes armes,

» Ce sont des alarmes,

» Des cris et des larmes

» Par tout le logis.

» L'hymen et la guerre

» Ne s'accordent guère ;

» Être époux et père,

» C'est trop de soucis.

» Roussin de Bohème !

» Eh ! par le saint-chrême !

» Ferais-tu carême ?

» Et mon palfrenier,

» Porc de saint Antoine,

» Rogne-t-il l'avoine,

» En cheval de moine,

» A mon fier coursier ? »

Mais déjà la plaine
De noblesse est pleine :

C'est la châtelaine

Du pays d'Aurai ;

C'est madame Jeanne,

Comtesse de Vanne,

Qui là se pavane,

Sur un cheval bai.

Sur sa haquenée

Caparaçonnée,

Doucement menée,

Yseult d'Avaugour,

Plus blanche qu'hermine,

Avec sa cousine

La belle Adeline,

Vient de Moncontour.

Noble capitaine,

Le fier Brembro (1) mène

1) Bembrough.

Ses Anglais en plaine,
Range ses soldats ;
Beaumanoir, qu'irrite
Tout délai, l'imite ;
Sa troupe d'élite
Ne bronchera pas.

Le combat commence ;
Soudain l'on s'avance,
Lance contre lance
Et fer contre fer.
Cruelles alarmes,
Le cri des gens d'armes,
Le fracas des armes
Retentit dans l'air.

Dans cette entreprise,
Pas de loi précise ;
Chacun à sa guise
S'arme comme il veut ;

Chaque personnage
Prend son avantage
Selon son courage
Et fait ce qu'il peut.

Le choc est terrible,
La mêlée horrible,
La rage indicible
Dans les deux partis.
Le glaive s'émousse,
Sur l'armet rebrousse,
Non l'instinct qui pousse
De tels ennemis.

Arrel qui se montre
En cette rencontre,
Sans peur, marche contre
Le fier Caverlé ;
Du coup qu'il assène
Il abat d'Ardaine,

Ce dur capitaine
Que craint Quimperlé.

Pontblanc se surpasse ;
Armé d'une masse,
D'un coup il terrasse
Jannequin Taillard.
Sans reprendre haleine,
A travers l'arène,
Par les pieds il traine
Richard le Guillard.

Sanglante hécatombe !
Bodegat succombe,
Et Charuel tombe
Sur les deux genoux.
Beaumanoir s'anime ;
Voyant qu'on décime
Les siens, il s'escrime,
Il frappe à grands coups.

Trop cruel outrage,

Perfide présage,

D'abord l'avantage

Demeure aux Anglais.

Fortune changeante,

Erreur décevante,

Bien fou qui se vante

D'un premier succès.

L'affreuse mêlée

Rouge, échevelée,

Se tord essoufflée,

Bientôt n'en peut mais;

Leur fureur expire;

Aussi sans mot dire,

Chacun se retire,

Bretons comme Anglais.

Telle en la tourmente,

La rage impuissante

De l'onde écumante
Semble se lasser,
Ainsi la tempête
Un moment s'arrête,
Et bientôt s'apprête
A recommencer.

Ciel ! quelle tûrie !
Quelle boucherie !
La chair est meurtrie ;
Haches et marteaux
Brisent les armures,
Même les plus dures ;
Des larges blessures
Le sang coule à flots !

Dans cette bataille,
Il n'est clou ni maille
Qui n'ait son entaille ;
Nul n'est à couvert,

Et plus d'une lame
D'où jaillit la flamme,
Largement entame
Cuirasse et haubert.

Palpitant de haine,
De Lalande assène
Un coup qu'à grand'peine
Pare Maréchal.
La pesante épée
De but s'est trompée,
Et sera trempée
D'un sang plus fatal.

L'affreux Hulbitée,
Ce moderne Antée,
A l'âme indomptée,
Pillard par état,
Bien que d'une race
Détestable et basse

Comme un loup rapace,
Pour l'Anglais combat.

Le vilain assomme
Plus d'un gentilhomme ;
Déjà Brembro somme
Le fier Beaumanoir
D'avoir à se rendre : —
« Songe à te défendre ;
» Espérer me prendre
» Est un vain espoir. »

Plein de confiance,
Kéranraiz s'avance,
Et d'un coup de lance
Terrasse Brembro.
Du tranchant du glaive,
Puis Dubois l'achève,
Merlin et son rêve
S'en vont à vau-l'eau.

Devant ce prodige,

Frappé de vertige,

L'ennemi s'afflige

De voir son chef mort.

Croquard qui fait rage

Dit : Fi du présage !

De notre courage

Dépend notre sort.

Le fer tourbillonne ;

Seul de sa personne,

L'affreux Walton donne

Au milieu des rangs ;

De courroux superbe,

Il bat comme gerbe,

Il fauche comme herbe,

Maint des plus vaillants.

L'attaque est rapide,

Ce moment décide

La joute homicide.
Le fier Beaumanoir,
Couvert de poussière,
Lève sa visière,
De fatigue à terre
Se sent prêt à choir.

Alors s'il faut croire
Ce que dit l'histoire,
Il demande à boire :
Dubois s'offensant
De cette faiblesse,
Dit : « Fleur de noblesse,
» Si la soif te presse,
» Eh bien ! *bois ton sang !* »

Ivre de débauche,
Hucheton qui fauche
De droite et de gauche,
Sème au loin l'effroi.

Saisissant sa lance,
Plein d'impatience,
Montauban s'élance
Sur son palefroi.

Beaumanoir lui crie :
« Valet d'écurie !
» Traître à ta patrie,
» Pourquoi nous fuis-tu ?
» Quelle félonie !
» Quelle ignominie !
» Quoi ! ton cœur renie
» Honneur et vertu ! »

Poussant ventre à terre
Son coursier qui flaire
Le sang et la guerre,
Soudain Montauban,
Pour mieux le confondre,
Sans daigner répondre,

Sur l'Anglais vient fondre
Comme l'ouragan.

D'abord il renverse
Prévost; il transperce
Maint heaume; il traverse
D'un seul coup Guillard;
Et de l'Angleterre
L'antique bannière
Tombe et roule à terre
Auprès de Croquard.

Comme par la brèche,
Quand la chair l'allèche,
Entre dans la crèche
Un loup ravissant,
Au fort du carnage,
Écumant de rage.
Tinteniac nage
Dans des flots de sang.

Tous on les immole,

Fors le fougueux Knole,

Qu'on prend sur parole.

Mille écus sterling

Sauvent à grand'peine

Billefort qu'on mène,

Caverly qu'on traîne

Jusqu'à Josselin.

Sans qu'en rien j'invente,

Tel est, je m'en vante,

Le combat des Trente,

Près de Josselin.

Histoire authentique,

Simple et véridique,

D'après la chronique

De Bouchard Alain.

Octobre 1840

LE PRINTEMPS.

Voici venir les temps meilleurs,
Où germent les plus douces choses,
La saison riante des fleurs,
Le mois des amours et des roses.

Vous, qui redoutez le grésil,
Poëtes quinteux et moroses,

Ouvrez au doux soleil d'avril
Vos fenêtres trop long-temps closes.

Quittez cet air triste et chagrin ;
Les garçons et les jeunes filles,
Au son joyeux du tambourin,
Dansent à l'ombre des charmilles.

Conduisant paître ses moutons,
L'enfant redit sa chansonnette,
Cueille la blanche pâquerette,
Le bluet ami des moissons.

L'essaim vigilant des abeilles
Bourdonne sur le romarin ;
Pour charmer l'ennui de nos veilles,
Le rossignol dit son refrain.

Voici venir les temps meilleurs,

Où germent les plus douces choses,

La saison riante des fleurs,

Le mois des amours et des roses.

Juillet 1841.

LE FESTIN DE BALTHAZAR.

FRAGMENT.

—✵—

Mane, Thecel, Phares.

Chante, orgueilleuse Babylone,
Danse au son des hautbois et du gai tambourin.
De fleurs que ton front se couronne ;
Prolonge ton ivresse en un joyeux festin ;
Le suave nectar qu'en ta coupe tu verses
Suffirait à noyer le vaste camp des Perses
Dans des flots parfumés de vin.

L'ennemi campe sous tes portes,

Qu'importe! ses efforts resteront impuissants,

Et viendront s'y briser; celles-ci sont si fortes

A les faire tourner sur leurs gonds gémissants,

Que cent bras vigoureux suffisent à grand'peine ;

Il faudrait un géant pour soulever la chaine

Qui ferme leurs verrous pesants.

On te parle de représailles ;

Encor que la fortune ait d'étranges retours,

Que peux-tu redouter? N'as-tu pas tes murailles ?

Au-dessus, n'as-tu pas en outre mille tours,

Comme autant de géants toujours en sentinelles ;

Si hautes, que ce n'est qu'en fatiguant leurs ailes

Qu'y peuvent percher les vautours.

Ton ciel est-il moins pur, tes nuits moins parfumées,

Parce que l'étranger se trompe de chemin?

Ne respires-tu pas les vapeurs embaumées

Qu'exhalent dans les airs la rose, le jasmin?

Babylone, réponds ! Tes filles seront-elles
Moins riches de fraîcheur, moins blanches et moins belles
   Ou bien moins folâtres demain ?

Courtisane, imite les maîtres,
Imite Balthazar. Pendant que les béliers
Sapent les vieux palais bâtis par ses ancêtres,
Le voit-on réunir ses soldats, ses guerriers ?
A ses honteux plaisirs fait-il un moment trêve ?
Couvert de la cuirasse et saisissant le glaive,
   Court-il défendre ses foyers ?

Couché mollement sur la soie,
Le teint enluminé de fard et de carmin,
A longs traits il s'enivre et de vin et de joie,
La coupe du banquet passe de main en main. —
« Buvons, rions, chantons; fi du chagrin qui ronge !
» Folie, ô mes amis ! quand la vie est un songe
   » De compter sur le lendemain ! »

Dans l'éclat de sa gloire, afin qu'on le contemple,
Il se fait apporter les richesses du temple,
　　　Les vases d'or de Salomon,
Les amphores d'argent, les urnes, les patères ;
Il veut les consacrer aux profanes mystères,
　　　Au culte du démon.

Or, dans le même instant qu'il blasphème, qu'il raille,
Une main apparaît traçant sur la muraille,
　　　Écrivant en lettres de feu
Des mots mystérieux, d'étranges caractères,
Des signes différents de nos types vulgaires,
　　　Que trouve seul le doigt de Dieu.

Balthazar, à l'aspect de l'effrayant prodige,
Se trouble tout-à-coup, se sent pris de vertige ;
Son regard fasciné devient terne, vitreux ;
Il veut parler, sa voix dans sa gorge s'arrête ;
Et, comme deux roseaux battus par la tempête,
　　　Ses genoux se heurtent entre eux.

Il mande, il fait chercher les prêtres et les mages,
Les ministres de Bel, les savants et les sages,
    Les interprètes, les devins ;
Mages, savants, docteurs, interprètes, pontifes,
Ne peuvent expliquer de tels hiéroglyphes ;
    Leurs efforts restent vains.

Daniel, du Très-Haut interprète fidèle,
Arrive et dit :.. « Grand roi, ton ordre ici m'appelle :
» Quand un arrêt fatal sur la muraille a lui,
» Pareil au condamné qui touche à l'agonie,
» Toi, qui lassas de Dieu la clémence infinie,
    » Pourquoi réclamer mon appui ?

» Ta gloire, ô Balthazar ! va passer comme une ombre,
» *Mane*... tremble... tes jours sont comptés, et leur nombre
    » Doit à cette heure être rempli ;
» *Thecel*... le Dieu du ciel te pèse en sa balance,
» Il te trouve léger, il brise ta puissance ;
    » *Phares*... ton règne est accompli.

» Ce sceptre trop pesant que, malgré toi, tu cèdes,
» Des rois Assyriens en ce jour passe aux Mèdes ,
　　» Ton antique empire est détruit ;
» Non ! non ! n'espère pas voir se flétrir les roses
» Dont on a parfumé la couche où tu reposes ;
　　» Non ! tu périras cette nuit ! »

Soudain , on entendit comme un grand char qui roule ;
Un frisson glacial circula dans la foule ;
　　La lueur des flambeaux pâlit ;
Et la grande cité , désormais condamnée ,
Vit dans le même instant, tremblante, consternée,
　　L'Euphrate sortir de son lit !

Les portes qui menaient au fleuve étaient ouvertes,
Les postes délaissés, les guérites désertes ;
Les chefs et les soldats reposaient enivrés :
Leurs esprits se berçaient de songes, de doux rêves ;
Mais l'ennemi survint... tous au tranchant des glaives
　　Furent sans défense livrés.

Les soldats énervés, troupe lâche, servile,
Qui gardaient le palais au nombre de dix mille,
Fuyaient, poussant des cris et le cœur haletant;
Au moment décisif, nul n'eut assez d'audace
Pour oser regarder les ennemis en face,
  Ni pour mourir en combattant.

Oh! c'est en ce moment que l'effrayante orgie
Apparaît dans sa sombre et terrible énergie.
L'arrêt, l'arrêt fatal resplendit sur ces murs.
Sous les yeux du grand roi, tous ces êtres infâmes
Poursuivent tour à tour ses filles et ses femmes
  De leurs baisers impurs.

Fuyant des bras velus d'un Sarmate farouche,
La reine en ce moment cherche à gagner sa couche;
  Du haut de son trône élevé
Elle glisse, elle tombe à l'angle de la dalle;
Avec des flots de sang, la cervelle royale
  Vient rejaillir sur le pavé!

Le corps reste gisant : spectacle lamentable !
Il ne se trouva pas un ami secourable ;
    Parmi tous ces vils courtisans
Pas un ne s'approcha pour relever la reine ;
On les vit insulter par un regard obscène
    A ses membres tout palpitants.

Balthazar par la fuite au péril se dérobe,
Lorsque son pied se prend aux longs plis de sa robe ;
    Il retombe sur son séant.
Brisé d'un tel effort, son œil morne, stupide,
Se lève presque éteint sur le fer homicide,
    Qui plonge en son gosier béant.

Alors, pareille à l'eau qu'on agite en un vase,
D'épouvante, Babel chancela sur sa base,
    Et son sommet fut ébranlé ;
Jusqu'au jour où le poids de ses vastes ruines
Écrasa Babylone et forma ces collines
    Dont le lit du fleuve est troublé.

Trois fois il vint depuis le jour des représailles,

Où le vainqueur sapa ces hautaines murailles,

Par la brèche poussa cent chariots de front.

Les débris des palais, des dômes, des coupoles;

Les temples des faux dieux, les autels des idoles,

    Comblèrent son fossé profond.

Sur l'immonde cité, sur la ville adultère,

Depuis ce jour fatal, le poids de la colère

    D'un Dieu jaloux s'appesantit.

Comme l'avait prédit le prophète Isaïe,

Babylone trois fois fut vaincue, envahie;

    Mais jamais ne se repentit!

Au seuil de ses palais, où croît l'herbe et la ronce,

Viennent en troupe errer et la panthère et l'once,

    Le lynx et le chacal hurlant;

La vipère, sortant de l'angle des murailles,

Sur les bords du marais vient sécher ses écailles

    Aux rayons du soleil brûlant.

LES BAYADÈRES.

Jeunes Bayadères,

Dans vos gais ébats,

Vives et légères,

Enlacez vos pas ;

Charmantes sylphides,

Vos élans rapides

Aux regards avides

Cachent trop d'appas.

Comme les gazelles
En nos frais vallons,
Vous avez des ailes
De même aux talons.
Telles sur nos plages,
Au temps des orages,
Les biches sauvages
Errent sur les monts.

L'herbe de la plaine,
Le gazon des prés
Cède et plie à peine
Lorsque vous courez.
Troupe vagabonde,
Vos pieds rident l'onde
Rapide et profonde
Des lacs azurés.

Novembre 1840.

LE PRISONNIER.

--❄❀❄--

BRIZEUX.

I.

Si j'étais prisonnier, dans la haute tourelle

Je voudrais demeurer comme la tourterelle ;

Je voudrais habiter un de ces vieux châteaux

Aux murs démantelés, aux gothiques créneaux

Au donjon féodal dont la tête chenue

Par-dessus la forêt s'élève dans la nue ;

Un de ces vieux châteaux dont le mâchecoulis,

Les immenses fossés, les roulants ponts-levis,

Retracent vivement les discordes passées.

C'est là que, me livrant à mes graves pensées,

Je voudrais dérouler les temps mystérieux,

Et dans l'ombre évoquer les ombres des aïeux.

Dans ce réduit obscur, ma douce rêverie

Ferait naître pour moi les jours de la féerie ;

Lorsque la bonne Urgande, ou sa cousine Urgel,

A minuit visitaient la dame du castel.

II.

Si j'étais prisonnier, sur l'esquif du sauvage,

Je voudrais pour toujours, exilé de la plage,

Par les flots inconstants au large être porté,

De l'abîme des mers sonder l'immensité ;

Je ferais mes adieux au reste de ce monde,

Et, citoyen des eaux, ma barque vagabonde

S'en irait, en cinglant vers des climats divers,

Peut-être découvrir un nouvel univers.

Malheureux prisonnier, de rivage en rivage
Je me verrais ainsi ballotté par l'orage,
Exposé sans défense aux attaques du sort ;
Sans y toucher jamais j'entreverrais le port.
Quand les vents irrités, quand la sombre tempête,
Des mâts de mon esquif viendraient briser le faîte,
Sans daigner m'imposer un pénible travail,
Je laisserais sans crainte errer le gouvernail.
Bien loin de disputer les restes de ma vie,
Je dormirais bercé sur la vague en furie.
Peut-être à mon réveil que, dès le lendemain,
Je verrais sur ma tête un ciel pur et serein ;
Le zéphir mollement conduire ma nacelle,
Et l'alcyon joyeux me flatter de son aile.

III.

Si j'étais prisonnier, aux lieux qui m'ont vu naître
    Je voudrais demeurer,
Pour, dès le point du jour, venir à la fenêtre,
    Et m'y mettre à pleurer.

Si je voyais au loin la modeste chaumière
        Où je reçus le jour, ·
Et le bosquet charmant qui cacha le mystère
        De mon premier amour.

Si j'entendais gémir la blanche tourterelle,
        Je dirais comme toi ;
Puisse en ce doux instant une amante fidèle
        Ainsi penser à moi !

Pourquoi le dire encore, ô moitié de moi-même !
        S'il fallait t'oublier ?
Il me faudrait mourir loin de celle que j'aime,
        Si j'étais prisonnier.

Si j'étais prisonnier, ô mon unique amie,
        Plus satisfait qu'un roi,
Dans un sombre cachot je passerais ma vie,
        Si c'était près de toi.

Enlacée en mes bras, tu me dirais ta peine,

Et je serais heureux.

Bien légère, crois-moi, deviendrait notre chaîne,

En la portant tous deux !

1854.

LA FÊTE VILLAGEOISE.

C'est fête au village,
C'est jour de pardon,
Chacun rend hommage
A son saint patron.

Pour la pèlerine,
Pour le pèlerin,

La cloche argentine
Dit son gai refrain.

La vieille chapelle
Comme aux plus beaux jours,
Se fait jeune et belle,
Prend ses frais atours.

On chante la messe,
L'hymne en faux bourdon ;
Tout est allégresse
Un jour de pardon.

Puis le bal commence ;
Le folâtre essaim
Des beautés s'élance
Vers le pré voisin.

Garçons et fillettes
Dansent aux bignoux :

Ce sont nos musettes
Aux sons aigres-doux.

Chaque main s'enlace
De bonne amitié,
On danse avec grâce
L'ancien passe-pied.

Mais le soleil baisse ;
Demain le travail ;
La foule s'empresse
De quitter le mail.

Les garçons, les filles,
Par l'étroit sentier,
Le long des charmilles
Gagnent le moûtier.

On les voit par bandes,
Lorsque vient le soir,

Traverser les landes,
Les champs de blé noir.

On conte fleurette
Aux abords du bois;
Mainte bergerette
En est aux abois.

Plus d'un mariage
Date du pardon;
C'est un vieil hommage
Qu'on rend au patron.

                    30 août 1841.

REGARD.

—✻✿✻—

Le toit de la Sainte-Chapelle,
La Ville et Notre-Dame, en triangle isocèle,
De ce point élevé se croisent sous mes yeux :
Symbolique trépied, signe mystérieux,
Principe et fin de toute chose,
Mystique fondement, nouvelle trinité,
Sur qui toute cité repose :
Dieu, la gloire et la liberté.

C'est la seule solide base,

Et toute nation suit cette triple phase :

La croyance d'abord, bientôt la gloire après ;

La liberté plus tard dans les cœurs trouve accès

Et consolide l'édifice,

L'affermit, le soutient ou le brise à l'instant,

Selon que le droit, la justice,

Préside ou non au changement.

Qu'un appui manque, et tout s'écroule ;

L'antique monument vient écraser la foule.

Rien ne reste debout ; temple, trône, vertu,

Tout doit être détruit, tout doit être abattu !

Tel est le choc de ces ruines,

Que le bras d'un mortel ne saurait l'arrêter.

Le poids des vengeances divines

Est difficile à supporter !

Décembre 1840.

MAISON DE FRANÇOIS IER,

SUR LE COURS LA REINE.

Demeure enchantée,
Élégant palais,
Qui t'a transportée
Sous ces verts bosquets ?
Debout sur ta base
Quand je t'aperçois,
Je reste en extase,
Pantelant, sans voix.

De loin on t'admire ;

Un charme secret

Vers tes murs attire,

Et c'est à regret

Qu'enfin l'on te quitte

Le cœur plein d'émoi.

Il passe si vite

Le temps près de toi !

De l'ogive grêle

Le genre était vieux,

L'art se renouvelle

Pur et gracieux ;

De la renaissance

Le style et le goût,

Si plein d'élégance,

Se répand partout.

Une triple arcade

D'un large dessin

Orne ta façade.

Là le cintre plein

Se courbe avec grâce ;

Ou , comme affaissé,

Plus loin il s'enlace

A l'arc surbaissé.

Tant de grâce étonne ;

Le charmant contour

De chaque colonne

Semble fait au tour.

Le goût moins sévère ,

L'art plus varié ,

Pour charmer, pour plaire,

A tout s'est plié.

Un voile en guipure ,

Don d'un enchanteur,

Forme ta parure ;

La main du sculpteur

Broda ces dentelles ;
Jamais ouvrier
N'en vit de plus belles
Couvrir son métier.

Nouveau Praxitèle,
Phidias français,
Gracieux modèle
Qu'on n'atteint jamais,
Oui, la Capitale,
Noble Jean Goujon,
Ta ville natale,
Ignore ton nom.

Tu domptes la pierre,
Grâce à ton ciseau ;
De pampres, de lierre,
Tu couvres l'arceau ;
Sous tes doigts écloses,
Au temps des frimas

Les fleurs et les roses
Ne s'effeuillent pas.

Le jour les estompe
D'un pur vermillon ;
L'œil parfois s'y trompe,
Et le papillon,
Frais nectar qu'il pompe,
Dans sa folle erreur,
Vient darder sa trompe
Au sein de la fleur.

On voit de Diane,
Et de Henri Deux,
Pendre à la liane
Le chiffre amoureux ;
Et la salamandre,
Doux et tendre aveu,
Se plaît à répandre
La flamme et le feu.

Décembre 1840.

A Monsieur J. Arago.

O toi, l'Homère des voyages,
Au cœur aimant et chaleureux,
Qui visitas tant de rivages
Sur ton esquif aventureux,
De ton attrayante Odyssée
Je poursuis au milieu des mers
L'histoire à grands traits esquissée,
Si riche en incidents divers.

Mais je voyage en philosophe,

Je voyage un livre à la main ;

J'abandonne à moitié la strophe,

La rime que j'appelle en vain ;

Sur une mer paisible, unie,

Avec toi causant en chemin,

Gai passager, sur l'*Uranie*

Je veux voguer jusqu'à demain.

A travers la Polynésie,

Lorsque tu franchis l'Océan,

D'étonnement l'âme est saisie,

C'est de l'histoire et du roman,

Ton voyage est un grand poème,

Bien que vrai, toujours attachant ;

Dont l'intérêt me semble extrême,

Dont chaque chapitre est un chant.

Je me sens avec toi l'envie,

Par goût à la paresse enclin,

De venir terminer ma vie
Chez ce bon peuple Carolin,
Hélas! je n'ai plus de vieux père
Qui me redemande au pays,
D'une Armide à qui j'ai su plaire
Tendre Renaud, je suis épris.

Auprès de ma Léna si douce,
Léna, la fille aux petits pieds,
Quel plaisir, couché sur la mousse,
De dormir sous les cocotiers,
Cette félicité si pure,
Ces tendres, ces douces amours
De la simple et fraîche nature
Rappellent les premiers beaux jours.

Ainsi, sur ce double hémisphère,
On peut retrouver l'âge d'or,
Ainsi, dans un coin de la terre,
Le vrai bonheur existe encor;

Et ces peuples, moitié sauvages,
Au sein de l'Océan perdus,
Sont et plus heureux et plus sages
Que tous nos sages prétendus.

Maintenant, comme un autre Homère,
Las d'errer aux lointains pays,
Tu viens, au seuil héréditaire,
Retrouver tes lares amis,
Un abri sûr et tutélaire,
Des toits toujours hospitaliers,
Et l'amitié d'un tendre frère
Qui te fait place à ses foyers !

Octobre 1840

LE VOYAGE DU POÈTE.

Non, plus de chimères,
De larmes amères ;
O toits de mes pères !
Je vais vous revoir.

Ciel !.... plus de famille,
Plus d'âtre qui brille
Quand le feu pétille ,
Où j'aille m'asseoir.

Lumière céleste,

Raison, bien funeste,

Jour que je déteste ;

Au loin j'aperçoi

Le sable perfide,

Le désert aride,

Son immense vide

Partout devant moi !

La chaleur m'obsède,

A mes maux je cède,

J'appelle à mon aide

La sainte pitié ;

Elle est bientôt lasse,

Et dans ma disgrâce,

Tout riche qui passe

Me froisse du pied.

Funeste voyage,

Gloire, vain mirage,

Décevante image

Qui charme les yeux ;

Lac pur et limpide ,

Que voit l'œil avide

Sur le sable aride ,

Quand il est aux cieux.

Bel oiseau volage ,

Au brillant plumage ,

Que dans le bocage

L'insensé poursuit ;

Il ne faut qu'étendre

La main pour le prendre ,

On croit le surprendre :

Mais l'oiseau s'enfuit.

Malheureux transfuge ,

Après le déluge ,

J'ai pour tout refuge

Un rameau flétri.

Quand la neige tombe,
Plaintive colombe,
L'arbre de la tombe
Est mon seul abri.

Octobre 1840.

ALCIDAMÉE

OU LE MARIAGE DES MORTS.

— ❁ —

> Chez les Mongols, lorsque deux familles viennent
> de perdre en même temps deux enfants chéris, de
> sexes différents, elles font entre leurs mânes ce
> qu'on appelle le *Mariage des Morts*. Ces allian-
> ces sont célébrées auprès du tombeau des enfants en
> grande pompe ; les parents se traitent dès lors entre
> eux comme s'ils étaient unis par les liens du sang.
>
> MALTE-BRUN.

I.

Enfants, cueillez des fleurs

Pour en ceindre vos têtes ;

A vous les jeux, les fêtes,

Comme à nous les douleurs.

Courez, joyeux essaim, aux pieds de la colline,
  Chercher la rose purpurine,
  La violette, et le muguet;
  Joignez-y l'élégant œillet,
  Les printanières anémones;
  De l'iris bleuâtre des prés,
  Et des beaux asters diaprés,
  Enfants, tressez-vous des couronnes.

Vous demandez pourquoi la vieille Ismaïa pleure,
  Pourquoi la nuit, dans sa demeure,
Nous l'entendons gémir, se plaindre de son sort;
  Ismaïa, la mère orgueilleuse,
  Maintenant est bien malheureuse;
  Son petit Ismaël est mort.

Hier le vent du nord déchaînait sa furie;
  Le souffle des dieux malfaisants
  Sèche l'herbe de la prairie,
  Fait mourir les petits enfants.

Oui, plus d'une fleur printanière
A dû tomber sous l'ouragan ;
La mort a frappé l'héritière,
La fille du nabab Hassan.

A la manière accoutumée,
Suivant le rite solennel,
C'est aujourd'hui qu'Alcidamée
Devient l'épouse d'Ismaël.

II.

Mais le voilà qui sort,
Porté par son vieux père,
Et suivi de sa mère
Qui pleure, hélas ! bien fort.

Joignons-nous au cortége,
Enfants, semez des fleurs ;
Que le ciel vous protège,
O fruits de nos douleurs !

III.

« Qui trouble nos plaintes amères ?

» — Moi, la plus malheureuse entre toutes les mères ;

» Comme chez vous, hélas ! le trépas et le deuil

» Se sont assis à notre seuil ;

» Notre joie à tous est passée ;

» Et pour la conduire à l'autel,

» Voici mon fils, mon Ismaël,

» Qui vient demander sa fiancée.

» — Unissons nos douleurs,

» Et, puisque l'infortune

» Est à nos familles commune,

» Ensemble répandons des pleurs. »

IV.

PREMIÈRE MÈRE.

« Enfant conçu dans les alarmes,

» Unique fruit de mon amour,

» Toi, que j'ai tant de fois arrosé de mes larmes,

» Sur qui j'ai veillé nuit et jour ;

» Mon petit Ismaël, ah ! reconnais ta mère !

» Mon Ismaël, ouvre les yeux ;

» Ne m'abandonne pas à ma douleur amère,

» Sans me faire au moins tes adieux ! »

DEUXIÈME MÈRE.

« O toi, ma fille bien-aimée,

» Ma douce et tendre Alcidamée !

» Enfant conçue avec amour,

» Et qu'avec bonheur j'ai nourrie !

» Par le premier rayon du jour

» Petite fleur déjà flétrie,

» Tu vas donc me quitter, hélas !

» Toi si riante, toi si belle !

» Pourquoi ne me laisse-t-on pas

» Au moins sa dépouille mortelle !

» Mon cœur palpitait de plaisir,

» Quand je t'abritais sous mon aile ;

» Le lait tiède de ma mamelle

» De lui-même semblait jaillir ;

» Mon cœur se dilatait de joie ;

» Quand j'effleurais ta peau plus douce que la soie,

» Je sentais ma chair tressaillir. »

PREMIÈRE MÈRE.

« Mon petit Ismaël, lorsque tombait la neige,

» Quand soufflait le vent du désert,

» Afin de te mettre à couvert,

» Réponds, un seul jour hésitai-je

» A tirer mon manteau pour venir t'en couvrir ?

» J'enveloppais tes pieds dans ma robe de laine,

» Je réchauffais tes doigts de ma brûlante haleine,

» Afin de mieux te garantir.

» J'affrontais nuit et jour la bise meurtrière ;

» Car il n'est rien, hélas ! que ne fasse une mère

» Pour empêcher son enfant de souffrir ! »

DEUXIÈME MÈRE.

« Accepte, mon enfant, gage de ma tendresse,

» Ma tunique d'argent, mon voile tissu d'or ;

» Prends, emporte avec toi tout mon bien, ma richesse,

  » N'es-tu pas mon plus doux trésor?

» . . . .

» . . . .

» . . . .

  » C'en est fait, ma fille chérie!

  » On vient t'arracher de mes bras;

  » Exposée au froid, à la pluie,

  » Sous la terre tu dormiras!

  » Enfant, à ma douleur ravie,

» Quant tu vas emporter tout mon bonheur, hélas!

  » Puisses-tu prendre aussi ma vie! »

PREMIÈRE MÈRE.

« Lorsque je sortais du logis,

» Pour aller aux champs voir ton père,

» J'entendais dire : Est-elle fière,

» Quand elle promène son fils !

» On disait vrai; j'étais heureuse,

» J'avais le droit d'être orgueilleuse;

» Avec toi, quand j'allais errer dans nos vallons,

» Quand je traversais le village,

» On t'arrêtait à ton passage

» Pour contempler ton doux visage,

» Pour caresser tes cheveux blonds.

» Maintenant, la tête affaissée,

» Je vais marcher vers le trépas ;

» De tous je serai délaissée,

» Et nul n'arrêtera mes pas.

» Oh ! désormais loin de la terre,

» Lorsque tu voleras au sein de Gotama,

» Enfant, pense encore à ta mère,

» A celle qui toujours t'aima. »

PREMIER PÈRE.

« Mon cher Ismaël, ô mon fils !

» Moi, ton père, je te bénis.

» Bel Argali de la montagne,

Hélas ! c'est te donner bien jeune une compagne ;

» J'aurais désiré, mon enfant,

» Attendre que tu fusses grand ;

» Mais Paouti-Ziat autrement en décide,

» Et ses ordres sont absolus.

» A présent la maison va nous sembler bien vide ,

» Mon fils, quand tu n'y seras plus ! »

DEUXIÈME PÈRE.

« Douce étoile de la famille ,

» Je te bénis, ma tendre fille ,

» Mon bonheur, mon espoir, ma joie et mon orgueil,

» Devais-je te placer sitôt dans ton cercueil !

» Ah ! père infortuné , me faut-il te survivre !

» Pauvre petite fleur des champs ;

» Mais avant peu, oui, je le sens,

» O mon enfant , je dois te suivre !

» Ton doux visage était pareil

» A la pivoine rose et blanche ,

» Mais maintenant ton front vermeil

» Sur sa tige frêle se penche.

» Bel astre au souris gracieux,

» Tu brillais pour moi dans les cieux !

» Dans les steppes glacés, sur les arides grèves,

» Je te revoyais dans mes rêves,

» Toujours, partout autour de moi ;

» Enfant, je ne vivais qu'en toi.

» Je t'ai perdue, hélas ! au retour du voyage,

» Tu ne m'attendras plus sur le bord du chemin,

» Tu ne rentreras plus triomphante au village,

» En me donnant la main.

» Avec toi le bonheur veillait à notre porte,

» Maintenant que te voilà morte,

» Depuis le matin jusqu'au soir

» Le deuil seul y viendra s'asseoir ;

» Aux plus doux sentiments en proie,

» De tes tendres baisers jaloux,

» Je versais des larmes de joie,

» Je te prenais sur mes genoux,

» Pour avoir part à tes caresses ;

» Je riais de tes gentillesses ;

» Tu caressais d'un air charmant

» Mon front qui s'incline et se penche ,

» Et tes doigts roses , mon enfant ,

» Jouaient avec ma barbe blanche ! ! ! »

V.

Puis , quand on a fini le triste chant de deuil ,

On place les enfants dans le même cercueil.

Pourquoi leur faudrait-il deux linceuls et deux tombes ,

Un seul nid peut suffire à deux blanches colombes !

Enfants , semez des fleurs

Devant votre compagne ,

Et que votre plainte accompagne

Nos sanglots et nos pleurs !

A ce moment , en grande pompe ,

Précédé des pieux Thobas ,

Le cortége se rend vers le prochain Mias.

Au son lugubre de la trompe ,

Du tam-tam, du doung, du tambour,
Le chœur nombreux des lamas chante
Les versets sacrés du Grandjour,
Et la famille se lamente.

Le lama vénérable invoque alors l'Esprit,
Il prie en répandant par trois fois l'eau lustrale,
En étendant la main sur le cercueil, il dit
D'une voix lente et sépulcrale :

« Au nom du grand Bouddha,
Ame, et souffle du monde.
Au nom de Gotama,
Qui crée et qui féconde,
Enfants, je vous bénis ;
Redoutable mystère !
Enfants, je vous unis
Au ciel et sur la terre !

Les Pirrids à ma voix,

Lamentables victimes,

Retombent de leurs poids

Jusqu'au fond des abîmes,

Dans le grand lac du feu,

Dont l'ardeur les consume,

Que le souffle de Dieu

Pour les méchants allume.

Les anges bienfaisants

A mes ordres accourent;

Invisibles aux sens,

Leurs phalanges m'entourent

Au nom du grand Bouddha,

Je règne, je commande,

Autour du Khan-ola;

Oui, ma puissance est grande.

Vous devenez époux

Au sein du Dieu suprême;

Au ciel chacun de vous

Trouve un autre lui-même ;

Bravant les dieux jaloux,

Amants toujours fidèles,

Bien plus heureux que nous,

Vos amours désormais devront être éternelles ! !

Enfants, semez des fleurs

Pendant le sacrifice,

Et, propice à nos vœux, que le ciel vous bénisse,

Enfants de nos douleurs ! ! !

Octobre 1840.

MARIE.

—❊❂❊—

Viens dormir dans mes bras ; que ta tête repose

Paisible sur mon cœur ; je veux voir à loisir

Tes beaux yeux entr'ouverts, et ta bouche mi-close ;

    Je veux sur ta lèvre saisir,

Respirer lentement ton haleine embaumée.

    Qu'à ton souffle, ô ma bien-aimée !

    Mon cœur palpite de plaisir !

Es-tu belle, ma sœur, la tête ainsi penchée,

Et les bras arrondis ! comme tes blonds cheveux

Retombent mollement ! Par leurs boucles cachée
Comme d'un voile gracieux ,
Aux anges tu souris , et dans tes rêveries ,
Errant sur les grèves fleuries ,
Tu crois te mêler à leurs jeux.

Puisses-tu , pauvre enfant , voir leurs troupes fidèles
La nuit autour de toi revenir voltiger !
Qu'ils daignent te couvrir de l'ombre de leurs ailes,
Éloigner de toi tout danger ,
Préserver tes beaux pieds de toute fange immonde,
Et que dans l'exil de ce monde
Ils soient là pour te protéger !

Qu'ils écartent bien loin la ruse, l'artifice ;
Que jamais du méchant le souffle corrupteur
N'arrive jusqu'à toi ; qu'une main protectrice
Repousse le mal de ton cœur.

Enfant, crois en beauté de même qu'en sagesse,

Pour que ta mère en sa vieillesse

Puisse te bénir, ô ma sœur!!

Décembre 1832.

LE CHEVALIER ET SA DAME.

O noble damoiselle

Si , malgré ma douleur

Et ma peine cruelle ,

Vous me tenez rigueur ;

Eh bien ! soyez contente ;

A force de souffrir ,

Sous peu , cruelle amante ,

Vous me verrez mourir !

En traversant la plaine,
Vous reveniez le soir
De la ville prochaine,
Vers l'antique manoir ;
Quand la cloche argentine
Annonça l'*Angelus*,
Dévote pèlerine
Redit son *Oremus*.

Bel ange de lumière,
Oui, d'ici je vous vois ;
Vous étiez en prière
Près de la vieille croix,
Écartant le nuage,
Un rayon de soleil
Frappait votre visage,
Plus doux que l'arc-en-ciel.

Moment rempli d'ivresse !
Instant que je bénis !

Quand, écartant la presse,
Plus tard je vous revis,
Charmante châtelaine,
À la droite du roi,
Vous étiez seule reine
De ce brillant tournoi.

J'étais certain d'avance,
Combattant sous vos yeux
D'abattre de ma lance
Mes rivaux furieux.
Trop heureux, si l'hommage
Que l'on rend au vainqueur
Avait été le gage,
Le don de votre cœur.

Je pris dans le cortége
Place à côté de vous,
D'un si beau privilége
Qui n'eût été jaloux?

O bonheur ineffable

Pour un pauvre soldat !

Je pus manger à table,

Madame, à votre plat.

Je bus à votre écuelle (1)

Le doux boire d'amour.

O noble damoiselle !

J'ai fait vœu dès ce jour,

Oui, quoi qu'il en advienne,

De vous appartenir.

Cette parole est mienne,

Je saurai la tenir.

Un chevalier sans dame,

Abandonné de Dieu,

Est comme un corps sans âme,

Comme un foyer sans feu,

(1) *Manger au plat de sa dame, boire à son écuelle,* expressions employées dans les romans de chevalerie.

Comme un esquif sans voile ,

Comme un tronc sans rameau ,

Comme un ciel sans étoile ,

Comme un torrent sans eau.

Aux travaux de la guerre

Mon corps s'est endurci ,

Je ne saurais vous plaire

Avec mon front noirci.

Il vous faut autre chose ,

Et vous nous préférez

Des galants au teint rose ,

De jeunes damerets.

Par de douces paroles ,

Le léger troubadour ,

Par des discours frivoles ,

Sait vous faire la cour ;

Et d'une voix touchante ,

Le soir près de la tour ,

Sur sa viole il chante
Le virelai d'amour.

Sous sa pesante armure,
Un jeune damoisel
Fait bien triste figure
Dans un gai carrousel.
Pour nous, gentille dame,
Dans un brillant tournoi,
A regard plein de flamme,
Souris rempli d'émoi.

Pardonnez mon ivresse :
Un moment j'avais cru,
Charmante enchanteresse
C'est ce qui m'a perdu !
Nymphe au souris suave !
Que vous aviez jeté
Jusque sur votre esclave
Un regard de bonté.

Je crus au doux langage,
Je crus à vos serments ;
Qui vous eût cru volage,
Sous ces traits séduisants.
Vous fuyez ma présence,
Aujourd'hui vous m'ôtez
Tout, jusqu'à l'espérance,
Et vous me rebutez !

Enfant folâtre et gaie,
Autrefois vers le soir,
Sous l'antique chênaie
Vous veniez vous asseoir ;
D'un charmant badinage
Invisible témoin,
Caché par le feuillage
Je vous suivais de loin.

Au pied de la tour sombre
J'erre pendant la nuit ;

Sur le rempart, dans l'ombre
Une lumière luit.
Douce erreur, vain prestige,
Ah! ne me trompez pas.
C'est elle... ô mon Edwige!
Viens tomber dans mes bras!

Septembre 1840.

NOTRE-DAME DE LORETTE

ET LA CHAPELLE BRETONNE.

I.

Notre-Dame de Lorette.

Temple plus que mondain , dont le luxe m'étonne ,
    C'est tout surpris que j'aperçois
Gravé sur ton fronton le nom de la madone ,
    Sculptée à ta porte une croix.

Dans ce siècle sans foi , pour un peuple idolâtre ,
    Quand un Vignole patenté

Doit construire une église, il bâtit un théâtre,
D'un clocher massif surmonté.

Maudit soit le maçon qui, pour donner carrière
A son génie aride et sec,
A cet informe amas de moellons et de pierre,
Vint appliquer un fronton grec !

Peut-être bien il pense avoir fait un chef-d'œuvre,
Il est radieux et content;
J'estime, selon moi, que le dernier manœuvre,
Sans travail, en eût fait autant.

On se prend à rêver l'antique Notre-Dame,
Au pied de ce portique étroit;
Rien, hélas ! vers le ciel ne vient élever l'âme;
Mon cœur reste insensible et froid.

L'extérieur est nu ; l'on a fait, en revanche ,
    L'intérieur éblouissant :
L'or partout sur le rouge ou bien sur l'azur tranche ;
    C'est d'un effet étourdissant.

On est d'abord saisi d'une telle surprise ,
    Qu'on se demande , par hasard ,
Si, sans trop le savoir, on est dans une église ,
    Ou dans une loge à Favart.

Faut-il, après cela , s'étonner si la mode
    A pris pour rendez-vous commun
Ce salon si coquet, ce boudoir si commode ,
    Ce temple qui n'en est pas un.

Du luxe qu'à Paris en tous lieux on étale ,
    C'est ici le *nec plus ultra* ;
Cette église, en effet, n'est qu'une succursale
    Relevant du grand Opéra.

A l'église à présent, les légères danseuses
Viennent pour faire leur début ;
Les nymphes du ballet, folâtres et rieuses,
Assistent le soir au salut.

Sur de moelleux coussins leurs petits pieds reposent
Et, pour garantir leurs genoux,
Sur les carreaux polis de beaux suisses déposent,
Un édredon soyeux et doux.

Enfin, ce dernier trait complète ton éloge,
Le *Jockey-Club* prend à cœur
De se montrer dévot, et, faute d'une loge,
Il prend possession du chœur.

Les auteurs de romans, et les faiseurs de drames,
A la faveur du demi-jour,
S'amusent à lorgner insolemment les femmes,
Qui les lorgnent bien à leur tour.

Puis, l'orgue, d'une voix langoureuse et coquette,
    Lutte avec la voix de Dupré ;
Le chœur des *soprano*, sur un air d'ariette,
    Répète le *Miserere*.

On voit mille beautés élégamment parées,
    Et dans leurs plus riches atours ;
On croirait se trouver aux brillantes soirées,
    Aux bals des deux nobles faubourgs.

On devise gaiement, on y rit, on y cause.
    Quand on sort enfin du saint lieu,
On s'est entretenu de mainte et mainte chose ;
    Mais personne ne pense à Dieu !

II.

La Chapelle bretonne.

A ce temple coquet dont le luxe m'étonne,
Eh bien ! je préfère cent fois,
Dans sa simplicité, la chapelle bretonne
Que l'on rencontre au coin du bois.

A l'écart, celle-ci s'élève solitaire
Au milieu du champ de repos ;
Jusqu'au jour du réveil, comme une bonne mère,
Elle veille sur les tombeaux.

Un if au tronc noueux, au feuillage sévère,
    Sort de la fente du rocher ;
L'hiver comme l'été, son ombre séculaire
    Cache l'église et le clocher.

Les murailles, la tour de l'oratoire antique,
    Sont tout construits de pur granit ;
Et l'on peut voir encor sous le porche gothique
    Dormir le saint qui le bâtit.

Au pied du vieux clocher, autour du sanctuaire,
    A l'ombre du vieux crucifix,
Règne le plus souvent un sombre reliquaire
    Encombré d'ossements blanchis.

Cependant le chrétien d'un œil calme contemple
    Cet enseignement familier ;
Sans trouble, sans remords, il entre dans le temple,
    Où pour les morts il va prier.

Pas de baldaquin d'or, pas de dais magnifique,
De marbre richement sculpté,
De bronze, de tapis; dans le temple rustique
Tout respire la pauvreté.

Sur le roc escarpé, c'est un autre calvaire,
Où tout est de pierre, ou de bois,
Les images des saints, et l'autel, et la chaire,
Et le tabernacle, et la croix.

A l'autel du village, on suspend des guirlandes
Pour la fête des saints patrons;
Les vierges, les vieillards apportent leurs offrandes;
Les beaux enfants, leurs cheveux blonds.

Au lieu de ces beautés qui sans pudeur sourient,
Laïs au front audacieux,
Ainsi que leurs époux, ici les femmes prient,
Et les vierges baissent les yeux.

Septembre 1840.

LES BRETONS.

—⁂—

Oui, j'aime nos Bretons avec leur front sévère,
Leurs regards attristés et leur humeur austère ;
Avec leur torse court, mais trapu, mais nerveux,
Avec leur barbe épaisse, avec leurs longs cheveux ;
J'aime surtout d'amour nos gentilles Bretonnes,
Qui portent le corset de nos chastes madones,
Vierges de la montagne, humbles fleurs de nos champs,
Dont la longue paupière a des regards touchants,

Pareils à ces rayons d'une douce lumière,
Qui n'arrivent à nous qu'à travers la clairière
Semblables aux clartés de l'astre de la nuit,
Pâle, silencieux, quand au zénith il luit.

Octobre 1840

MON RÊVE.

Front couvert de neige,
Oiseau pris au piége,
Quand l'hiver m'assiège,
Je rêve une fleur,
Je rêve une femme,
Ame de mon âme,
Rayon de ma flamme,
Souffle de mon cœur.

D'orgueil mon front brille,

Père de famille,

Aux bras de ma fille

Je suis endormi ;

Je rêve à ma mère,

Je rêve un bon frère,

Dans ma main je serre

La main d'un ami !

PARIS.

—⁂—

Cette île que la Seine avec amour caresse,
Tel est donc le berceau de l'antique Lutèce,
    De cette immortelle cité
Qui pèse de son poids sur les pôles du monde,
Et dont la voix, pareille à celle des mers, gronde
    Et se perd dans l'immensité.

Sortant du fond des bois, sur ces tristes rivages,
D'abord quelques pêcheurs, gens à moitié sauvages

Dressent leurs huttes de roseaux ;
Puis viennent les Césars, comme une ombre qui passe,
Nous laissant, pour unique trace,
Les débris d'un palais et quelques vieux tombeaux.

Dans le passé c'est peu ; mais avec les années,
Combien ont depuis lors grandi tes destinées !
Entre l'informe camp gaulois,
Et Paris aujourd'hui, quelle énorme distance !
Avant de s'arrêter, oui, ton enceinte immense
A dû s'élargir bien des fois.

Ce n'est pas seulement la splendeur de ton Louvre,
Qui, comme un manteau d'or, de larges plis recouvre
L'œuvre de l'immortel Perrault ;
Non, non, ce ne sont pas tes palais magnifiques,
Ni ton arc de triomphe aux souvenirs magiques,
Qui doivent t'élever si haut.

Lisbonne, outre sa rade, a de plus en partage
Ses bosquets d'orangers sur les rives du Tage,
  Ces fruits que le soleil jaunit ;
Stockholm a son beau lac à la vague azurée ;
Berlin a son château sur les bords de la Sprée ;
  Pétersbourg, ses quais de granit.

Venise désolée, au bord de ses lagunes,
Et sur son port désert, pleure ses infortunes,
  Ses vieux doges humiliés ;
Rome conserve encor ses temples et ses dômes,
Ses palais, ses tombeaux, les cendres des grands hommes,
  Que les pâtres foulent aux pieds.

Moscou montre un Kremlin de tourelles flanquées ;
Stamboul, son ciel d'azur et ses blanches mosquées,
  Avec ses légers minarets ;
Grenade, l'Alhambra ; Cadix, ses belles filles ;
Et la froide Madrid, reine des deux Castilles,
  Son pont sur le Manzanarèz.

Et cependant parmi ces Ninives royales,
Monuments de l'orgueil de nos Sardanapales
    Dispersés dans tous les pays ;
Quelque hautes que soient leur gloire et leur fortune,
Le voyageur surpris ne peut en trouver une
    Qui te soit égale, ô Paris !

Serait-ce par hasard Rome, Rome la sainte,
Qui se cherche et se perd en son immense enceinte,
    Triste désert inhabité !
Rome n'est désormais qu'un vaste sanctuaire,
Qui semble appartenir plus au ciel qu'à la terre,
    Moins au temps qu'à l'éternité.

Est-ce Gênes la belle, ou Naples la jolie ;
Naples, qui s'abandonne, énervée, amollie,
    Aux baisers lascifs d'un tyran ;
Syrène de la mer et courtisane immonde,
Naples, qui vient baigner ses pieds charmants dans l'onde
    Et qui danse sur un volcan ?

Serait-ce Londre, enfin, ta superbe rivale;
Tyr de notre occident, ville impure et vénale,
   Que fait rugir l'amour du gain;
Bazar de l'univers, vaste entrepôt du monde,
Dont les nombreux trésors couvrent, fatiguent l'onde,
   Et dont le peuple meurt de faim?

Paris, oh! non, c'est toi que les peuples implorent,
Que redoutent les rois, que les tyrans abhorrent;
   Boulevard de la liberté,
Paris, centre des arts; Paris, ville immortelle,
Qui caches dans ton sein, qui couves sous ton aile
   L'avenir de l'humanité.

Sois donc fière à jamais de tes riches couronnes,
De ton arc triomphal, fière de tes colonnes,
   Et de ton double Panthéon,
L'un sans doute trop grand, dont les caveaux sont vides
   L'autre, celui des Invalides,
   Trop petit pour NAPOLÉON!!!

Novembre 1840.

SOUVENIR.

—⚜—

Unique confident de mes longues alarmes,
        Tu veux savoir pourquoi,
Quand je chante Paris, mes yeux versent des larmes,
        Mon cœur est plein d'émoi.

Un tendre souvenir en mon âme s'éveille :
        Le doux chant des oiseaux,

Comme un écho lointain, résonne à mon oreille,
Se mêle au bruit des flots.

Bocages toujours verts, ô grèves embaumées,
Vallons silencieux,
Ne vous verrai-je plus, ô rives bien-aimées,
Bords riants du Trieux !

Que m'importe Paris, sa faveur éphémère,
Ou son souris moqueur !
Où se trouve, bien loin, la tombe de mon père,
Se trouve aussi mon cœur.

Septembre 1841.

LES ÉPHÉMÈRES.

Tourbillon, monde d'éphémères,
Insectes d'or, vapeurs légères,
Vous qui mirez au sein des eaux
L'éclat inconstant de vos ailes,
Vous paraissez...Mille étincelles
A l'instant jaillissent des flots.

Des plus belles fleurs du rivage
Vous êtes nés après l'orage,

Vous êtes éclos ce matin ;
Sur ces bords, caravane errante,
Du fleuve vous suivez la pente,
Sans songer à votre destin.

Pour vous pas de soin, de tristesse,
Brillants de beauté, de jeunesse,
Névroptères au corps d'azur,
Auprès des îles embaumées,
Le long des grèves parfumées,
Vous voltigez sous un ciel pur.

Le même instant qui vous vit naître
Doit bientôt vous voir disparaître,
Penchants secrets, plaisirs, amour,
Passions chez vous si hâtives,
Nuances frêles, fugitives,
Tout doit finir avec le jour.

D'un sort qui nous paraît à craindre

Devons-nous après tout vous plaindre ?

Jouets d'un éternel reflux,

Sur la mer du monde où tout passe,

Sans laisser la plus faible trace,

Qu'importent quelques jours de plus !

Vous, les premiers nés de ma veine,

Éclos sur les bords de la Seine,

Votre destin sera pareil.

Oui, vous allez d'un vol agile

Passer aujourd'hui sur la ville

Et mourir avec le soleil !...

Rêves d'amour, rêves de gloire,

Mirage auquel on aime à croire,

Après lequel j'ai trop couru.

Vain espoir, trompeuses chimères,

Le jour fuit.... brillants éphémères,

Hélas ! vous avez disparu.

Octobre 1840.

10

MADAME LŒTITIA.

―❊❋―

« Rome, au sein de ta métropole,

» Je ne viens point sous ta coupole,

» Parmi les nombreux pèlerins,

» Pleurer ni faire la prière

» Près de la tombe de saint Pierre,

» Ni baiser les pieds de tes saints.

» Qui m'indiquera la demeure

» Silencieuse et morne, où pleure,

» Où se consume en sa douleur,

» Comme une lampe presque éteinte,

» Au fond d'une funèbre enceinte,

» La mère du grand empereur?

» Reçois ce *scudo*, jeune pâtre,

» Qui conduis au flanc du théâtre

» Et sur le vieux tombeau romain

» Ta chèvre, à la mamelle pleine.

» Jeune pâtre, à travers la plaine,

» D'ici montre-moi le chemin.

« —Près de la porte triomphale

» On voit la tombe impériale,

» Placée au milieu des débris,

» Et du Colysée on découvre

» Ce vieux palais, cet autre Louvre,

» Plus grand que celui de Paris. ».

» Dans la campagne désolée

» On dirait la tombe isolée,

» Placée aux confins du désert,

» Où, pendant la chaleur ardente,

» A défaut d'ombrage et de tente,

» L'Arabe se met à couvert.

» Là gît celle dont les entrailles

» Ont porté le dieu des batailles;

» Celle dont l'éclat et le nom

» Comme un phare brillent sur Rome

» Là repose, ombre du grand homme,

» La mère de Napoléon ! »

O femme, entre toutes heureuse !

Mère, entre toutes glorieuse !

Jadis on eût cru qu'un démon

S'était introduit dans ta couche,

Fécondée au feu de la bouche

De quelque Jupiter Ammon !

On dit que pendant ta grossesse,
Ton sein tressaillit d'allégresse,
Que ton cœur palpita d'amour,
Et que sans douleur et sans peine,
Surmontant la faiblesse humaine,
A ton fruit tu donnas le jour.

Dans ta tendresse maternelle,
Ta blanche et puissante mamelle
Allaitait ton beau nourrisson;
Tu le berçais de ton haleine;
Près du foyer, filant la laine,
Tu lui disais une chanson.

Aux regards étonnés des anges,
Ta douce main de faibles langes
Entourait le royal enfant.
Elle enchaînait, malgré sa plainte,
Par une tendre et faible étreinte,
Ce bras si souvent triomphant.

Noble dame, illustre matrone,

Assise à la droite du trône,

Les potentats humiliés

Ont pour t'adorer, reine-mère,

Traîné leurs fronts dans la poussière,

Et les rois ont baisé tes pieds.

Du malheur illustre victime,

Tu vis s'écrouler dans l'abîme

Toutes tes grandeurs à la fois.

Sans t'étonner, d'un pas tranquille

Tu t'acheminas vers la ville,

Asile ouvert à tous les rois.

C'est dans la poussière romaine

Que devait s'asseoir une reine

Sans cesse en butte aux coups du sort.

Par la foudre du ciel atteinte,

Sans même exhaler une plainte,

Oui, c'est là qu'elle attend la mort.

C'est là qu'elle vit confinée,

Accomplissant sa destinée,

Et pour marque de son haut rang

Laissant ses splendeurs surannées,

Son front ridé, chargé d'années,

Est couronné d'un linceul blanc.

Il n'est baldaquin ni courtine

De fin velours, ni de ratine,

Qu'on puisse comparer au dais

Qu'on voit suspendu sur ta tête,

Présent que te fit pour ta fête

Le grand empereur des Français.

Pour marque de ton rang suprême

Tu portes mieux qu'un diadème,

O femme ! aux lauriers glorieux

Qui couvrent ta tête chenue,

Soudain tu seras reconnue

Pour impératrice en tous lieux.

Dame illustre, noble matrone,

Tu ne descendis pas du trône ;

Par un saint, par un noble orgueil,

Ainsi qu'une vieille Romaine,

En mère d'empereur, en reine,

Tu te couchas dans ton cercueil.

Tu restes aux regards du monde

Plus grande, en ta douleur profonde,

Qu'à la cour du grand empereur,

Qu'au sein de la pompe royale.

Aucune gloire n'est égale

A la majesté du malheur !

Novembre 1840

A Madame A. S.

※

LES ÉPHÉMÈRES AUX OISEAUX DE PASSAGE.

—※○※—

I.

LES ÉPHÉMÈRES.

Fortunés oiseaux de passage,
Le temps fuit rapide pour nous ;

Petits oiseaux, dépêchez-vous
De porter notre gai message.
La journée est près de finir ;
Vite allez trouver votre reine
Sur les bords riants de la Seine ;
Puisse-t-elle un moment venir !

Nous pourrons voir sa douce image
Couronner son front gracieux ;
Nous brillerons à ses yeux
En longeant de près le rivage ;
Nous pourrons, indiscret essaim,
L'éblouir de nos étincelles,
La couvrir de nos blanches ailes,
Aller nous poser sur son sein.

Quel paisible, quel doux servage !
Combien vous devez être heureux !
Que vous devez être amoureux
De son parler, de son langage !

Oui, vous faites bien des jaloux,
Quand, petits oiseaux, pris au piége,
Vous caressez son sein de neige,
Vous vous perchez sur ses genoux.

Entre ses lèvres demi-closes,
Gentils oiseaux, gais colibris,
Vous pompez le nectar des lis,
Vous allez becqueter les roses.
Gais oiseaux qui formez sa cour,
Oui, vous pouvez avec délire
Vous enivrer de son sourire,
Vous enivrer de son amour.

Aux bords de la rive embaumée
Votre reine porte ses pas ;
Petits oiseaux, chantez plus bas,
Chantez plus bas sous la ramée.
Pour qu'on puisse écouter ses chants
Dans la profondeur du bocage,

Suspendez votre doux ramage,
Vos accords plaintifs et touchants.

Quelle musique douce et tendre,
Lorsque, dans le calme des bois,
Son luth se marie à sa voix !
Quel charmant plaisir de l'entendre
Appeler ses joyeux garçons
Qui s'égarent sous la charmille,
Apprendre à sa jeune famille
Les airs nouveaux de ses chansons !

Auprès d'elle, quand votre vie,
Sous un ciel tranquille et serein,
Se passe exempte de chagrin,
S'écoule aussi digne d'envie,
Espérez-vous pouvoir ailleurs,
Oiseaux légers, oiseaux volages,
Rencontrer de plus verts ombrages,
Trouver de plus suaves fleurs ?

II.

LES OISEAUX DE PASSAGE.

Au berceau de la poésie,

Au charmant pays d'Orient,

Sous ce climat toujours riant,

Nous allons chercher l'ambroisie

Que distillent les pleurs du ciel ;

Puis nous reportons de l'Asie,

A la reine par nous choisie,

Les rubis tombés du soleil.

Quand ici la nature échange

Sa blanche robe de frimats,

Vous venons des lointains climats,
Nous accourons des bords du Gange,
Ornés de colliers de corail ,
Redire les chansons légères
Que répètent les bayadères
Devant la porte du sérail.

III.

LES ÉPHÉMÈRES.

Combien nos destins sont contraires !
Pour nous le sort est inhumain ;
Nous n'avons pas de lendemain ;
A vous seuls les destins prospères.
La journée est près de finir ;
Mais avec la saison de Flore,

Mais avec la nouvelle aurore,
Nul ne nous verra revenir !

Jouissez de vos destinées,
Oiseaux joyeux, oiseaux chanteurs ;
Sur ces rivages enchanteurs,
Hélas ! après bien des années,
Oiseaux, vous reviendrez toujours
Portés sur vos brillantes ailes
Quand viendront les roses nouvelles
Avec les nouvelles amours.

50 octobre 1840.

LE CHAMP DU REPOS.

—❊—

C'est sous un ciel brumeux, et quand le vent d'automne
Soupire tristement sa plainte monotone;
    C'est quand la dépouille des bois,
Comme un épais linceul, déjà couvre la terre,
Qu'il faut venir pleurer au tombeau solitaire
    Et prier au pied de la croix.

Alors par aucun chant l'âme n'est plus distraite
La mésange a gagné sa paisible retraite,
    L'hirondelle un climat plus doux ;
Mais quand d'un ciel glacé la neige à flocons tombe,
L'hiver, on voit encore, hélas ! près de la tombe
    La mère ou l'enfant à genoux.

Un sépulcre, une fosse au pied de la colline,
Voilà le but commun auquel tout s'achemine
    Par un chemin plus ou moins court.
Le vieillard à pas lents vers la tombe s'avance,
Tandis que la jeunesse avec impatience
    A pas précipités y court.

Gloire, orgueil, qu'êtes-vous ? hélas ! un peu de cendre
Que le plus faible enfant en se jouant peut prendre,
    Tenir en sa petite main.
Femmes au doux souris, beautés folles, rieuses,
De vos succès d'un jour à l'excès orgueilleuses,
    Ici je vous attends demain !

Novembre 1840.

LE CHARME DES BOIS.

—⁂—

Charmant ruisseau, c'est près de toi
Que je viens respirer la fraîcheur du feuillage.
GILBERT.

Coulez, petits ruisseaux, sous ces riants ombrages,

Nul obstacle étranger ne suspend votre cours.

Si vous vous égarez en de nombreux détours,

C'est pour ne point quitter ces fortunés rivages.

A l'ombre des sapins et des érables verts,

Je m'en vais promener ma douce rêverie,

M'égarant avec vous le long de la prairie,

Je cueille sur vos bords et des fleurs et des vers.

C'est l'heure, c'est l'instant où les nymphes timides

Se baignent à l'écart en vos larges bassins,

Mouillent leurs jolis pieds, l'albâtre de leurs seins,

Au cristal transparent de vos ondes limpides.

C'est l'instant où le faon, bien plus craintif encor,

Descend dans le vallon, et vient boire à la source.

A travers les taillis il a repris sa course,

Il vient d'entendre au loin le son bruyant du cor.

Tapis sous un buisson, j'aperçois les Naïades

Sortir de leur réduit, je les vois enlacer

La vigne au chèvrefeuille, et puis se balancer

Au milieu des brouillards de vos fraîches cascades.

Heureux l'homme qui, loin du bruit de la cité,
Voit s'écouler ses jours dans ce champêtre asile,
Et qui peut sans témoin, sur la rive tranquille,
Revenir chaque soir errer en liberté.

Il s'endort mollement à l'ombre du vieux chêne,
Au murmure du tremble et du ruisseau plaintif.
Rêvons, rêvons encore, esclave fugitif,
Il faut que dès demain je reprenne ma chaîne.

Il faut que dès demain je reprenne mes fers.
Respirant des cités l'odeur nauséabonde,
Sur vos bords enchanteurs ma muse vagabonde
Ne viendra plus cueillir des roses ni des vers.

Coulez, petits ruisseaux, sous ces riants ombrages,
Nul obstacle étranger ne suspend votre cours.
Si vous vous égarez en de nombreux détours,
C'est pour ne point quitter ces fortunés ombrages.

2 septembre 1841.

L'AGAMI.

Gentil oiseau, bel agami,
De mon foyer gardien fidèle,
Toi, mon seul, mon unique ami,
Veille surtout, fais sentinelle;
Pour les champs il me faut partir
Guetter l'auroch à son passage.

Mais souviens-toi de m'avertir
S'il me survenait doux message.

Sur toi je sais qu'on peut compter,
Oui, tu fais toujours bonne garde ;
Mais il est temps de me hâter,
Je n'ai plus rien qui me retarde.
Tu me vois partir à regret,
Adieu, mon compagnon fidèle,
Je vais pour toi dans la forêt
Cueillir la grenade nouvelle.

Nous ne craignons pas les voleurs.
L'ameublement de nos cabanes
Est formé des plus fraîches fleurs,
Leurs tentures sont des lianes.
Non, ce n'est pas de ce côté
Que se porte ta vigilance ;
Nous vivons en sécurité,
Protégés par notre indigence.

Et cependant veille avec soin,

Selon ta louable habitude.

Si tu voyais venir de loin,

Jusqu'en ma triste solitude,

Pareil au terrible serpent,

L'envieux au hideux visage,

Évite cet être rampant,

C'est pour nous un mauvais présage.

Accours bien vite m'avertir.

Pendant que le méchant me guette,

Je me garderais de sortir

De ma calme et douce retraite.

L'envieux distille un poison

Que nul impunément ne brave ;

Si je l'écrasais, mon talon

Serait infecté de sa bave.

Quand je m'éloigne, promets-moi

De ne pas te laisser surprendre ;

Je ne serais plus près de toi
En ce moment pour te défendre.
Au revoir, mon bel agami,
Que Dieu te garde, te protège !
Si je perdais mon seul ami,
Pauvre exilé, que deviendrais-je ?

Perché sur le frais bananier,
Tu t'attristes de mon absence ;
L'œil fixé sur l'étroit sentier,
Tu m'attends plein d'impatience.
Du plus loin que tu m'aperçois,
Tu cours à moi, tu me fais fête ;
Tu viens te percher sur mes doigts,
Sur mes épaules, sur ma tête.

Ce sont alors des cris joyeux,
Des signes bruyants d'allégresse.
Le plaisir brille dans tes yeux,
Ton bec indiscret me caresse.

Quand je reviens à la maison,
Le soir, par la longue avenue,
Tu dis ta plus douce chanson
Pour égayer ma bienvenue.

Ainsi tu charmes mes ennuis,
Tu te fais une douce étude,
Pauvre infortuné que je suis,
De calmer mon inquiétude.
Tu compatis à ma douleur,
Tu calmes mon angoisse amère,
Tu me tiens lieu dans le malheur,
A la fois. . . . .

Ainsi qu'un esprit familier,
Visitant mon toit solitaire,
Tu te perches près du foyer
Qu'un rayon de la lune éclaire.
Là, tu viens manger dans ma main
Le suc de l'orange nouvelle,

Ou bien en émiettant mon pain ,
Tu me caresses de ton aile.

Parfois je me prends à songer,
Bien douce erreur, chimère étrange,
Que, du ciel joyeux messager,
Tu pourrais être mon bon ange.
Mon cœur, où vit encor la foi ,
Comme le malheur est crédule ;
D'ailleurs cette croyance en quoi
Semblerait-elle ridicule ?

Mon agami , ne vaux-tu pas
Bien plus que la plupart des hommes ?
Les parents, les amis ingrats,
Fourmillent au siècle où nous sommes.
Avec un cœur qui sait aimer,
Une âme si douce et si tendre ,
Que ne peux-tu mieux exprimer
Ce que tu sais si bien comprendre !

Le soir, quand la jeune Oulãou

Descend du haut de la montagne,

Comme le léger *karibou*,

Et qu'elle court dans la campagne ;

Quand elle dort sur mes genoux,

Quand son doux regard me caresse,

Tendre ami, tu sembles jaloux

D'Oulãou, ma jeune maîtresse.

Tels sont ses ordres absolus ;

Non, la vierge de la montagne

Dans mes bras ne dormira plus,

Ne sera jamais ma compagne.

Malgré tes soins, tendre agami,

A ma douleur si je succombe,

Au temps des fleurs, mon vieil ami

Seul tu gémiras sur ma tombe.

Août 1841.

LA BELLADONE.

O fraîche belladone !
Orgueil de nos guérets,
Ta sève, dit-on, donne
Allégeance aux regrets

Fleur pleine de mystère,
Ce n'est pas sans raison

Que tu sembles te plaire
Sous notre ciel breton.

Entre les mains du sage
Ton amère liqueur
Calme, prise en breuvage,
Les mouvements du cœur.

Viens apaiser la fièvre
Qui fait bouillir mon sang ;
Viens rafraîchir ma lèvre,
Hélas ! je souffre tant !

1er septembre 1841.

A UN VIEILLARD AMOUREUX.

O malheureux vieillard ! ton œil terne s'allume
Lorsque vient à passer cette jeune beauté ;
Tu trembles... je connais le mal qui te consume ,
   Malgré ton sourire affecté.

Je ne te dirai pas que l'amour à tout âge
Est un songe suivi d'un réveil douloureux ,

Ni que pour un vieillard, c'est se montrer peu sage
    Que d'être à ce point amoureux.

Si l'amour est aveugle, hélas! dès la jeunesse
Sans y voir devant lui, jeune insensé s'il court,
Je sais bien que de plus, il est dans la vieillesse
    Tout à la fois aveugle et sourd.

Tu te berces, crois-moi, d'une vaine chimère;
Avec tes traits ridés, avec tes cheveux blancs,
A cette belle enfant tu te flattes de plaire,
    En dépit de tes soixante ans.

Celle que tu poursuis de tes feux les dédaigne,
Et rien jusqu'à ce jour ne fléchit ses rigueurs;
Voilà pourquoi, vieillard, ton cœur déchiré saigne,
    Pourquoi tes yeux versent des pleurs.

Brasier toujours nourri de flammes dévorantes,

Ainsi l'on voit l'Hécla, de son sommet neigeux,

Faire jaillir les flots de ses larmes brûlantes.

Rien, hélas ! ne calme ses feux !

Octobre 1840.

LA DIONÉE.

Trompeuse *Dionée*,

D'une austère pudeur

C'est trop loin pousser la rigueur :

Le sort t'aurait-il condamnée

A faire, hélas ! des malheureux ?

Peux-tu bien, étant aussi belle,

Te montrer à ce point cruelle ?

Si le papillon amoureux,

Abandonnant pour toi la rose,

Sur ta feuille un moment se pose,

S'il vient te déclarer ses feux ;

Victime de ta colère,

Et de tes attraits épris.

Sous le filet qui le serre

L'imprudent se trouve pris.

Quand vous semblez pour moi devenir moins farouche

Quand un souris de votre bouche,

Pareil à la clarté du soir,

Viens me rendre un rayon d'espoir.

J'accours ainsi vers vous, belle fleur printanière ;

Et si j'obtiens un doux baiser,

Sur le charmant corail que j'ai cru caresser.

Mon âme reste prisonnière.

Septembre 1840.

Les Chauves-Souris.

Dès que les jeunes hirondelles
S'envolent vers d'autres pays,
On vous voit étendre vos ailes,
Infernales chauves-souris ;
Abandonnant vos réduits sombres,
Fantômes sortis du tombeau,
Vous accourez, comme des ombres,
Pour vous ébattre au bord de l'eau.

Oui, dès que vient le crépuscule,
Le fantastique bataillon
Monte, descend, revient, circule,
Trace dans les airs son sillon,
Son inextricable dédale,
Que mon regard à peine suit,
Depuis la vieille cathédrale
Jusqu'aux abords de mon réduit.

Je ne puis ouvrir la fenêtre
Pour respirer l'air frais du soir,
Sans soudain vous voir apparaître,
Laids farfadets vêtus de noir.
Mais auriez-vous donc pris à tâche
De me harceler dans mon fort ?
Vouloir me friser la moustache,
Convenez-en, c'est un peu fort.

Pareilles aux noires pensées
Que les démons soufflent dans l'air

Avec les vapeurs condensées,

Venez-vous aussi de l'enfer?

Oui, je frissonne à votre approche,

Je fuis quand vous me menacez,

Sans que votre ongle aigu m'accroche;

Mais heureusement vous passez.

Fuyez, noirs oiseaux des ténèbres,

Redoutez la clarté du jour,

Regagnez vos antres funèbres,

Cachez-vous au creux de la tour;

Êtres couverts d'ignominie,

Lutins hideux, monstres jaloux,

Vite allez tenir compagnie

Aux chouettes, aux vieux hiboux.

Octobre 1840

LE PALAIS DE JUSTICE,

SAINT LOUIS.

—❈O❈—

I.

LE PALAIS DE JUSTICE.

Amas de vingt palais joints et groupés ensemble,
Antique monument qui, vu de loin, ressemble
    Aux débris confus du chaos,
    Noir donjon baigné par les flots,

Vieux séjour féodal, sombre et triste édifice,
Qui long-temps as servi de palais à nos rois,
　　Gothique Palais-de-Justice,
　　Sanctuaire sacré des lois ;

Oui, toujours ta lugubre et formidable enceinte
Formera dans Paris un vaste labyrinthe
　　Dont l'œil ne pourra sans horreur
　　Sonder la sombre profondeur.
Malheur à l'imprudent pour peu qu'il s'y fourvoie !
L'enfer et le Palais ne rendent point leur proie !

. . . .

. . . .

II.

SAINT LOUIS.

Honneur à toi que tout rappelle en cette enceinte,
La France te bénit, et ta mémoire est sainte,

Grand roi. C'est toi qui le premier
Fus surnommé *le Justicier*.
Dans tes nobles desseins inébranlable et ferme,
Tu devins la terreur des nobles, des félons,
Tu résolus de mettre un terme
Aux brigandages des barons.

Tu tiras du fourreau ta redoutable épée,
Tu réduisis l'orgueil de tes plus fiers rivaux,
Tu reconquis sur tes vassaux
Ta haute justice usurpée.
Le glaive de la loi cessa d'être impuissant ;
En tes mains instrument d'un pouvoir légitime,
Partout il atteignit le crime,
Comme il protégea l'innocent.

De ce jour la justice auprès du trône veille ;
Dans l'antique préau qui touche au vieux palais,
Assis à l'ombre d'une treille,
Souvent le roi tenait ses plaids.

De tous il écoutait les témoins et les preuves,
Sans faire acception de nobles, de vilains,
Défenseur, asile des veuves,
Tendre père des orphelins.

Il devance son siècle au sein du moyen-âge,
Il adoucit des lois l'humeur encor sauvage,
Contre les abus les plus forts
Il lutte, il combat corps à corps,
Il défend, il proscrit ces drames sanguinaires,
Où la force et le fer du bon droit tiennent lieu,
Ces guet-apens judiciaires
Appelés jugements de Dieu.

De son saint fondateur l'inaltérable gloire
Brille d'un pur éclat dans le temple des lois.
Ici tout bénit la mémoire
Et le nom du meilleur des rois.
Partout autour de nous, chaque objet le rappelle,
Les murs du vieux palais aux trois quarts enfouis,

La grand'chambre avec la chapelle ,
Tout parle encor de saint Louis.

Pour nos dévots aïeux ta mémoire sacrée
En ces lieux fut long-temps chérie et vénérée ;
    Ta poussière et tes ossements
    Protégeaient les vieux parlements
Dans nos calamités, dans nos douleurs publiques.
Maintenant, à défaut de tes froides reliques ,
    Puisse ton esprit immortel
    Veiller sur nous du haut du ciel !

Octobre 1840.

Testard del
Arbalestier sc
ST VICTOR, ABBAYE.

LES RUINES DE SAINT-VICTOR.

Paris, dans tes sombres ruelles
Que j'aime tes vieilles tourelles,
Tes élégants, tes beaux portails,
Brodés comme des éventails.
Oui, sous la rouille qui recouvre
Ces vieux murs, mon œil curieux
Avec bonheur souvent découvre
Plus d'un souvenir glorieux.

Mais, hélas! le passé s'efface,
Chaque heure en emporte une trace ;
Souvent en un jour on détruit
Ce que tout un siècle a produit.
Oui, de toutes parts pierre à pierre
On voit crouler le vieux Paris.
Le vent chasse au loin sa poussière,
Et l'on disperse ses débris.

La capitale en vain implore
La pitié des persécuteurs.
Un affront tout récent encore
Fait de nouveau couler nos pleurs :
Par la bande noire envahie,
Rare, inestimable trésor,
Vous croulez, antique abbaye !
O murs sacrés de Saint-Victor !

Tes cellules, ton sanctuaire,
Avec ton cloître solitaire,

Tout est tombé sous le marteau,
Toi, des savants, toi des grands hommes
Qui nous ont fait ce que nous sommes,
L'asile, l'immortel tombeau!

A travers la dernière ogive,
On entend une voix plaintive
Pleurer et dire : O siècle ingrat!
Je fus le puits de la science
Pendant mille ans, et sur la France
Mon nom brilla d'un pur éclat.

Cette arcade d'où l'eau dégoutte,
Autrefois entendit sans doute
La voix vibrante d'Abeilard ;
Et la voûte antique et sonore,
Silencieuse, écoute encore
Les doux accents de saint Bernard.

Hymnes d'amour, larmes intimes
Accents du cœur, élans sublimes,
Chers aux échos de Saint-Victor,
A l'ombre de ces vieux portiques,
Santeul composait les cantiques
Que l'église répète encor.

Le soir, âme contemplative,
Il venait errer sur la rive.
Dans ses poétiques transports,
Des saints il chantait les louanges,
Et sur leurs harpes d'or, les anges
Accompagnaient ses doux accords.

Mais rien ne devait te défendre,
Et les Vandales destructeurs
De nos augustes bienfaiteurs
Ont dispersé jusqu'à la cendre.
Est-il si brillant l'avenir,
Dans nos passions insensées

Pour qu'avec nos gloires passées
Nous soyons pressés d'en finir ?

Cependant il était facile,
Sans avoir à prodiguer l'or,
De changer en salle d'asile
Ta vieille église, ô Saint-Victor !
L'antique et royale abbaye,
Par ces gais enfants envahie,
Heureuse, aurait ouvert son sein
A ce tendre et joyeux essaim.

Sans travail apprenant l'histoire,
Dans ses ébattements joyeux
L'élève eût orné sa mémoire
D'exemples touchants et pieux ;
Fidèle aux souvenirs d'enfance,
Le pauvre orphelin plus âgé
Eût sauvé par reconnaissance
Le toit qui l'avait protégé.

Non loin, un jardin solitaire,

Dans ce quartier sombre et fangeux,

Offrait une ombre tutélaire,

Un abri propice à leurs jeux,

L'air, circulant dans les allées,

Devait rendre avec la gaîté

A ces plantes étiolées

Et la fraîcheur et la santé.

On aurait vu, pleins d'allégresse,

Nos orphelins au teint vermeil

Aux premiers rayons du soleil

Se rouler sur une herbe épaisse.

On aurait vu ces beaux enfants,

Au bord du lac, dans le bocage,

Des paons admirer le plumage,

Courir, bondir comme des faons.

Eh bien ! soyez contents, votre œuvre est accomplie.

Il ne reste plus rien de l'antique abbaye !

Ses murs ont dû céder à vos hideux efforts,

Plus rien... pas même, hélas ! un tombeau pour les morts.

Vous avez effacé mille ans de notre histoire,

Sur ce vieux monument péniblement gravés,

Vous avez échangé ces dix siècles de gloire

Contre vingt toises de pavés ! ! !

Septembre 1840.

LE LOUVRE.

Louvre, vaste palais, roi de nos monuments,
 Page immense de notre histoire;
Toi, du jour qu'on jeta tes premiers fondements,
 Qui grandis avec notre gloire;
Toi, que Louis quatorze à grand'peine éleva
 Au temps de sa toute-puissance;
 Parthénon digne de la France,
 Que Napoléon acheva.

Les comtes, les barons ne sont plus feudataires
    Relevant de ta grosse tour ;
Les beaux-arts maintenant embellissent ta cour ,
    Sont tes uniques tributaires.
Ces dociles vassaux s'inclinent tour à tour
    Devant ton superbe portique.
    Pour te protéger nuit et jour
    Est-il garde plus magnifique ?

Sous l'aile du malheur à grand'peine abrité ,
    C'est de toi seul que relève
Tout artiste qui vise à l'immortalité ,
    Dont la gloire est le noble rêve.
Ici le plus hautain se reconnaît vassal ,
    Cet aveu nul ne le refuse ;
    Aucun grand homme ne récuse
    Les juges d'un tel tribunal.

Murillo , Ribera , l'Albane , le Corrège ,
    Lebrun , Mignard et le Poussin ,

Le Titien, Rubens, Jean Goujon, Sarrasin,
Quel grand, quel immortel cortége,
Quel auguste sénat, quelle imposante cour,
D'un aspect saisissant, étrange,
Et que président tour à tour
Et Raphaël et Michel-Ange !

Du sommet élevé de ton dôme éclatant,
Vois l'avenir qui se découvre ;
Contemple avec amour le destin qui t'attend ;
Cesse de regretter, ô Louvre !
La splendeur et l'éclat de ton ancienne cour.
La majesté des rois s'abaisse,
Tandis que la tienne sans cesse
Doit s'élever de jour en jour !

Le temps respectera ta brillante couronne
De gloire et d'immortalité.
Parmi nous il existe une autre royauté
Qu'un prestige saint environne ;

Aux accents furieux de nos tribuns jaloux

Qui ne saurait être bannie,

Que la France adore à genoux :

C'est la royauté du génie ! !...

Octobre 1840.

AMOUR ME DOIT.

Amour me doit le prix de mon labeur;

C'est, je le vois, un mauvais débiteur;

Aussi, pourquoi lui prêter ma parole?

Je n'en reçus jamais la moindre obole.

Comme l'oiseau que l'on prend au miroir,

Il m'attira par un riant espoir;

Il me promit d'abord monts et merveilles.

Pour tant de soins, pour prix de tant de veilles,

Pour tous les maux que pour lui j'ai soufferts,

Qu'ai-je reçu depuis que je le sers?

Rien, une vaine, une simple promesse
D'une infidèle et trompeuse maîtresse.
Fausse monnaie, eau bénite de cour,
Dont pour payer se sert aussi l'amour.

Voyant chez lui tant de méconnaissance,
Mon cœur s'attriste et se met en doutance.
Si dans l'ardeur de mon zèle ingénu
Je n'ai pas fait plus que je n'eusse dû,
Il eût trouvé, certes, un plus habile;
Un plus zélé, c'eût été difficile.

A LA MÉMOIRE D'HÉGÉSIPPE MOREAU.

Ah! puissent voir long-temps votre beauté sacrée,
Tant d'amis sourds à mes adieux !
Qu'ils meurent pleins de jours, que leur mort soit pleurée !
Qu'un ami leur ferme les yeux!

GILBERT.

HÉGÉSIPPE MOREAU, le siècle à ta mémoire

Devrait un monument, un marbre expiatoire.

Emule de GILBERT, pareille fut ta fin :

Tu meurs à l'hôpital de douleur et de faim.

Notre égoïsme étroit, cette fois sans excuse,

Resta sourd à la voix si fraîche de ta muse.

Le suave parfum de la *Myosotis*

Sur ta tombe se mêle au doux parfum des lis;

14

Puis, à peine es-tu mort, on profane ta cendre ;
Ta gloire est ton linceul, tes amis vont la vendre.

Par l'éclat de ton nom je me sens fasciné.
Oh ! tu ne fus pas seul au malheur destiné !
Bien d'autres te suivront sur ce triste calvaire.
Poursuivi par les cris de la tourbe vulgaire,
Plus d'un poète, hélas ! devra porter sa croix,
Exténué, vaincu, succomber sous le poids.
Mère, parents, amis, c'est à qui le renie.
Pour augmenter l'horreur de sa lente agonie
On l'abreuve à longs traits de vinaigre et de fiel ;
Le poète mourant lève les yeux au ciel,
Plaignant le peuple ingrat qui sous ses pieds bourdonne,
Pour ses bourreaux il prie, il bénit, il pardonne.

Juin 1841.

L'UPAS.

— ❊ —

Arbre de Dieu maudit, *Upas*, toi dont la sève,

Dont l'ombrage perfide est un subtil poison,

Ton existence fut pour moi long-temps un rêve,

Un affreux cauchemar, effroi de ma raison.

Maintenant, je te vois avec ton noir feuillage;

Oui, c'est toi le fléau de la création;

De mes yeux il me faut croire le témoignage;

Partout autour de toi, la désolation.

Soleil presque mourant, effrayant météore ;
Quand franchissant l'abîme, échappé de l'enfer,
De son sinistre éclat quand effaçant l'aurore,
A nos yeux parut Lucifer ;

Quand, souriant d'orgueil, il planait sur le monde,
Brûlant l'herbe des prés dans son sinistre vol,
Caché, germe fatal, aux plis de l'aile immonde,
Alors tu tombas sur le sol.

La terre, sous le poids des vengeances divines,
Pantelante d'horreur, alors t'ouvrit son sein,
Et dans ses flancs maudits tu fixas tes racines,
Tu vins y puiser ton venin.

Tel un enfant pervers, dans le sein de sa mère,
Puise son sang, sa vie ; abreuvé de son lait,
On le verra bientôt, d'une morsure amère
Payer, hélas! chaque bienfait.

Oui, tu viens de l'enfer ; sur les bords du Tartare,
Aux rives du Cocyte et du noir Phlégéthon,
S'élève dans la nuit ton squelette bizarre;
    Sous ton feuillage dort Pluton.

Sans cesse, autour de toi d'infernales pensées
Voltigent nuit et jour; l'air en est infecté;
L'essaim noir des démons, en grappes enlacées,
    Pendent du rameau détesté.

C'est couché sous ton ombre, en son lit solitaire,
Que Caïn médita son horrible dessein;
C'est là qu'il attendit, là qu'il frappa son frère;
    C'est là qu'il devint assassin.

C'est d'un de tes rameaux qu'il forma la massue,
L'arme dont il devait frapper le tendre Abel.
Affreux *Upas*, ton tronc par tous les pores sue
    Le crime et le venin mortel!

Complice instigateur du premier parricide,
Ainsi tu préparas la mort de l'innocent.
On paya ton forfait, et la racine avide
Avec délices but du sang.

Arbre à jamais maudit, la vengeance divine
Sur toi s'appesantit. Upas empoisonné,
On fuit avec horreur ta présence assassine.
Oh ! malheur à celui qui sous ton ombre est né ! !

Septembre 1840.

LA CHAUMIÈRE.

—❊—

Combien j'ai douce souvenance
Du joli lieu de mon enfance !

Des lieux berceau de mon enfance,
Combien est doux le souvenir !

Voilà la chaumière

Où, gai nourrisson,

La grosse fermière

Me dit sa chanson.

Le chaume la couvre,
L'abrite du vent,
Et sa porte s'ouvre
Au soleil levant.

L'humble giroflée
Aux gais boutons d'or,
Dans le mur scellée
Reverdit encor.

Le frais ruisseau coule
Au fond du ravin,
Le ramier roucoule
Sur l'arbre voisin.

Le vieux chien aboie,
M'entendant venir,
Est-ce crainte, ou joie ?
Est-ce souvenir?

Mais il me caresse,

Il est tout joyeux.

Des pleurs de tendresse

Coulent de mes yeux.

Le château se ferme

Au barde inconnu,

Qu'importe ! à la ferme

Je suis bien venu.

Sous le toit champêtre

Rien n'a dû changer,

Je vais cesser d'être

A tout étranger.

Oui, tout me retrace

Des tableaux touchants ;

Le passé s'efface

Bien moins vite aux champs.

En entrant j'admire
Les grands plats d'étain;
La beauté s'y mire
Rose du matin.

L'armoire de chêne
Aux battants polis,
Jusqu'en haut est pleine
De linge, d'habits.

Je crois reconnaître
Autour du foyer
Le fauteuil de hêtre,
Le banc de noyer.

Moment de délire !
Un enfant nouveau
Se met à sourire,
Et c'est mon berceau !

Et dans la chaumière

A son nourrisson

La grosse fermière

Disait sa chanson.

Août 1841

LE MÉCHANT BARON.

(BALLADE.)

Enfants, écoutez une histoire
Que l'on redit dans mon canton,
Bien vieille, mais surtout bien noire,
Que j'ai traduite du breton ;
Celle du sire de Comorre,
Fier châtelain, méchant baron.
Dans le pays on croit encore
Que c'était un fils du démon.

Le malheureux perdit son âme,
Parce qu'il fut traître à sa dame.

Fier de son châtel aux sept tours
Sur le penchant de la colline,
Vivant de proie et de rapine,
Il dévastait les alentours,
Poursuivant les filles, les femmes.
Sacrilège ! il livra souvent
Au pillage aussi bien qu'aux flammes
La vieille église et le couvent.

Celui qui veut sauver son âme
Doit mieux respecter Notre-Dame.

Ne craignant ni diable, ni Dieu,
Un jour, le sire de Comorre
Aperçut la charmante Isaure,
Demoiselle de très haut lieu.
Ainsi qu'un aigle dans son aire
Le chevalier, traître, inhumain,
L'emporte au fond de son repaire.
Destin cruel ! fatal hymen !

L'epoux qui veut sauver son âme
Doit par amour gagner sa dame.

Vierge au regard timide et doux,
Isaure était et jeune et belle;
Un ange aurait voulu près d'elle
Passer sa vie à ses genoux.
Mais malheur à la tourterelle
Que saisit l'ongle des vautours;
L'effraie, au creux de la tourelle,
Ne veut que de tristes amours.

L'époux qui veut sauver son âme
Aime gentille et noble dame.

Contre Cinulphe le Saxon,
Loin du pays de Cornouailles,
Il triomphe en maintes batailles
Sur le rivage d'Albion.

L'astucieuse Rosamaure
D'un trait brûlant perça son cœur :
Ce fut une esclave, une Maure
Qui vainquit notre fier vainqueur.

L'époux qui veut sauver son âme
Doit guerroyer près de sa dame.

Avec de longs cheveux de jais,
La Maure avait sourcils d'ébène,
Le regard, le port d'une reine ;
L'orgueil se peignait dans ses traits ;
Mais jamais le noir ellébore
N'effaça la blancheur du lis ;
Jamais fille ou femme de Maure
N'a valu fleur de nos pays.

L'époux qui veut sauver son âme
Préfère blanche et douce dame.

A peine au château des sept tours
L'infidèle est-elle arrivée,
Que la païenne réprouvée
Donne à sa haine libre cours.
Du lit de son époux bannie,
Est-il plus cruel déplaisir ?
Il n'est pas, hélas ! d'avanie
Que l'épouse n'eut à souffrir !

L'époux qui veut sauver son âme
Doit rester fidèle à sa dame.

Offrant à son Dieu ses douleurs,
Cependant cette sainte épouse,
De l'honneur d'un mari jalouse,
Au monde entier cachait ses pleurs ;
Mais dans l'excès de sa souffrance
Elle aurait voulu voir finir
Le cours de sa triste existence ;
Isaure aurait voulu mourir.

L'époux qui veut sauver son âme
Ne doit point affliger sa dame.

Le fin brocart d'argent et d'or
Couvre l'impure courtisane ;
Pour cette mégère profane
Ceci n'est point assez encor.
Elle se montre aux jours de fête
Au milieu d'un luxe effréné,
Portant riche couronne en tête
Devant le public consterné.

L'époux qui veut sauver son âme
Rougit d'une maîtresse infâme.

Or écoutez, et tremblez tous :
La Maure ou l'impure Bohême,
L'orgueilleuse étrangère qu'aime
Le méchant, le traître baron,

Était fille d'une chrétienne
Et d'un vieux prêtre musulman ;
C'était une magicienne,
Petite-fille de Satan.

L'époux qui veut sauver son âme
N'aima jamais Bohême infâme.

Sur un roc inculte, élevé,
D'où l'on voit la terre maudite,
Vivait un vénérable ermite,
Le grand, l'illustre saint Hervé.
Or, ce saint vieillard eut l'audace,
A ce baron si redouté,
De venir reprocher en face
Ses crimes et sa cruauté.

« Époux infidèle à ta femme,
» Déjà l'enfer attend ton âme.

» Sur toi, fier, orgueilleux baron,

» Malédiction ! Anathême

» Sur ta Maure, sur ta Bohême,

» Sur cette fille du démon !

» De ton épouse légitime

» Tu ravis les droits et le rang.

» Tremble, païen, de ta victime

» Sur toi retombera le sang !

» Époux infidèle à ta femme,

» A Satan je livre ton âme.

» Vils suppôts d'un indigne époux,

» Suspendez votre horrible fête.

» La vengeance de Dieu s'apprête ;

» Du ciel redoutez le courroux.

» Réduite à dormir dans la crèche,

» Sans qu'on daigne la secourir,

» Oui, sur un peu de paille fraîche

» Ta sainte épouse va mourir.

» Époux infidèle à ta femme,

» A Satan je livre ton âme. »

Le vin égarait sa raison,

On était au fort de l'orgie ;

Poussé par la noire furie,

Le comte saisit un tison ;

Il s'élance contre l'ermite,

Et dans son transport furieux ,

Et dans la rage qui l'agite ,

Au saint il brûle les deux yeux.

L'ermite lui dit : Crains la flamme

Qui brûle, non le corps, mais l'âme.

Pour arracher le saint martyr

A leurs fureurs, spectacle étrange !

Au même instant, on vit un ange

A travers les airs accourir.

De son seul regard il terrasse
L'affreux baron de Dieu maudit ;
Il emporte à travers l'espace
Le bon vieillard tout interdit.

Sous la forme d'une colombe,
L'âme d'Isaure monte aux cieux.
Soudain la foudre éclate et tombe ;
Soudain ce repaire odieux
Comme un vaste brasier s'allume ;
En un moment le feu vengeur,
Attisé par Satan, consume
Ce noir séjour rempli d'horreur.

C'est alors qu'on voit que la Maure
Et que les prétendus amis
Du fier châtelain de Comorre,
Sont des démons de Dieu maudits.
Oui, dans cette fournaise ardente
Ils gambadent, dansent en rond ;

Des hiboux la troupe tremblante
Au chœur des possédés répond.

Lâche époux qui trahis ta femme,
En enfer Satan te réclame.

Couverte encor de ses joyaux,
La Maure, comme une Espagnole,
Conduit l'immense farandole
De tous ces esprits infernaux.
Au milieu de ce lac de lave
Qui, comme le plomb fondu, bout,
Sur les débris de l'architrave
Seul Lucifer se tient debout.

Aussi bien la flamme céleste
Fut sans pitié, fut sans merci;
Du manoir antique il ne reste
Qu'un large pan de mur noirci;

Triste, épouvantable squelette,
Débris de la plus haute tour,
Dont l'ombre épaisse se projette
Sur tout le pays d'alentour.

Le marais fangeux, la colline,
L'antique donjon féodal,
De la punition divine
Portent tous le signe fatal ;
Là l'herbe est brûlée, est flétrie
Par de sulfureuses vapeurs ;
Quand vient le printemps, la prairie
Ne se couvre jamais de fleurs.

Le loup fauve et le lynx sauvage
Poussent la nuit des cris perçants ;
Jamais au printemps le bocage
Ne retentit de doux accents :
Au lieu du chant de la fauvette,
Du gai pinson, le corbeau noir,

L'effraie et la grise chouette,
Hurlent dès qu'arrive le soir.

Ce sont au milieu des ténèbres,
Près de ces sentiers détournés,
Des blasphèmes, des cris funèbres,
Et des hurlements de damnés;
C'est l'orgie et la bacchanale;
C'est l'impur, c'est l'affreux festin
De notre phalange infernale
Qui se poursuit jusqu'au matin.

Lorsque la nuit est froide et sombre,
Qu'aux cieux les astres sont voilés,
Souvent on voit sortir une ombre
Du milieu des murs écroulés,
Monter, paraître et disparaître,
Gravir les degrés tournoyants;
Au même instant à la fenêtre
Brillent des regards flamboyants.

Epouvantable météore ,

Qui pendant l'éternité luit ;

C'est le châtelain de Comorre

Que depuis mille ans Dieu poursuit.

Au milieu d'un refrain bachique ,

Le voyageur , tout interdit ,

Entend un rire satanique ,

Une voix claire qui redit :

L'époux qui veut sauver son âme

Doit vivre en paix près de sa femme.

Mauvais maris , si mon récit

Vous semble difficile à croire ,

J'ai pour garants de cette histoire ,

Dont il vous faut tirer profit ,

Outre une bienheureuse sainte ,

Saint Tugdual , saint Trémoré ,

Et saint Hervé , de toute feinte ,

On le sait , ennemi juré.

Aussi bien c'est là pour les dames
La terre de promission ;
Là tous les maris pour leurs femmes
Sont remplis de soumission ;
Car sitôt qu'un mari commande
Et qu'il ordonne à la maison,
Sa femme lui dit la légende
Du traître, du méchant baron.

Vous savez si bien l'art de plaire,
Gentilles dames de Paris,
Qu'il n'est pas besoin du tonnerre
Pour vous soumettre vos maris ;
Vous avez su pour votre usage,
Depuis long-temps, assure-t-on,
Mettre en pratique notre adage
Et notre proverbe breton :

L'époux qui veut sauver son âme
Doit obéissance à sa femme.

Décembr. 1840.

A Monsieur F. Arago.

LES AÉROSTATS.

Quand je vois le ramier sauvage
Ou bien le petit passereau
S'élancer au sein d'un nuage,
Je porte envie au faible oiseau,
Et je voudrais avoir des ailes
Pour, délivré de ma prison,
Suivre les blanches tourterelles,
Bien loin par-delà l'horizon.

Honneur à l'homme plein d'audace
Qui, sans hésiter, le premier
Sur les vents a conquis l'espace ;
Gloire, honneur à toi Montgolfier,
Qui sur ta légère nacelle
Osas t'élever dans les cieux,
Et frayer la route nouvelle
A tout mortel audacieux!

Nouveau Colomb, c'est plus qu'un monde
Qui vint à tes regards s'offrir,
C'est le ciel, et la terre, et l'onde,
Que tu venais de conquérir.
Comme en ce moment ta pensée,
Seule en ces vastes régions,
Dut, par les sylphes balancée,
Avoir de saintes visions!

Planant au sein de l'atmosphère,
Au-dessus de l'aigle étonné,

D'un profond, d'un secret mystère

Tu t'avançais environné.

Des chants et des accords étranges

Venaient remplir ton cœur d'émoi,

C'est que les doux concerts des anges

Du ciel arrivaient jusqu'à toi.

Le chef-d'œuvre de l'art moderne

N'est qu'ébauché ; mieux inspiré,

Il faut que l'homme enfin gouverne

Sa faible nacelle à son gré.

Il faut par un nouveau prodige,

Au sein de l'éther agité,

Qu'en tous les sens il se dirige,

Qu'il plane dans l'immensité.

J'ai bientôt bâti mon système,

Et vers les plus lointains climats,

Ayant résolu le problème,

Je conduis mes aérostats.

Pour réussir rien ne me coûte,
Je crée un monde en mon cerveau.
Éveillé, je rêve sans doute,
Mais aussi que mon rêve est beau !

Cent ballons, joints sur trois rangées,
Couvrent les flancs de mon esquif ;
Grâce à leurs formes allongées,
Il cesse de rester captif ;
Et sa carène dégagée,
Laissant bien moins de prise au vent,
Plus aisément est dirigée,
Et peut remonter le courant.

Chaque pièce, chaque partie,
Pour ne rien laisser au hasard,
Avec grand soin est garantie,
Doit former un système à part.
Ainsi de terribles désastres
Seront aisément conjurés.

Nous voyagerons vers les astres,
Contre tout péril rassurés.

Pour donner aux ballons une âme,
Nous créons un puissant moteur,
Nous unissons à l'eau la flamme,
Et nous produisons la vapeur.
Nos vaisseaux, immenses baleines,
En tous sens parcourent les mers ;
Oiseaux géants aux larges pennes,
Nos ballons planent dans les airs.

Porté sur le dos des nuages,
Désormais l'homme audacieux
Se berce au milieu des orages,
Franchit l'immensité des cieux,
Même au plus fort de la tempête.
Tout-à-coup effrayé, surpris
De nous voir planer sur sa tête,
L'aigle en fuyant pousse des cris.

C'est là l'océan sans rivage,

Là chacun suit en liberté

La route où son humeur l'engage ;

C'est le vague, l'immensité.

Planant sur la terre et sur l'onde,

Nous pourrons tous en quelques jours

Faire en ballon le tour du monde

Dans un voyage de long cours.

Dans ces mers, pas d'écueils perfides,

De bancs sous-marins, de récifs,

Vers lesquels les courants rapides

Entraînent, poussent les esquifs.

Le doux zéphir enfle nos voiles

D'un souffle frais, harmonieux ;

Pour nous diriger les étoiles

Resplendissent au front des cieux.

Les monts abaisseront leurs cimes

Devant nos élégants ballons,

Plus de précipices, d'abîmes,
Plus de torrents, plus de vallons.
Nous n'aurons tous qu'une patrie,
Plus d'exilés, plus de bannis :
Au sein d'une mère chérie,
Tous les hommes vivront unis.

Mais, me direz-vous, c'est un rêve !
Ainsi rêvèrent nos aïeux ;
Cependant le songe s'achève,
Il se réalise à nos yeux.
De l'aigle poursuivant la trace,
Déjà l'homme a conquis l'espace ;
De son vol pour régler l'essor
Que faut-il faire ? un pas encor.

Alors les balises légères
Seront les dômes des palais ;
Les clochers et les minarets
Serviront de débarcadères.

Pour l'Espagne ou pour le Piémont,
Riant de nos frayeurs de femme,
Un jour nos fils s'embarqueront
Sur le haut des tours Notre-Dame ! ! !

ENVOI.

Désirant encor t'intriguer,
A toi dont la science amie
Permet qu'on puisse extravaguer,
Même ailleurs qu'à l'Académie.

Octobre 1840.

L'HÉMÉROCALLE.

Charmante hémérocalle,
De la reine des fleurs
Toi qui pourrais être rivale,
Toi dont les riantes couleurs
Laissent bien loin du lis la blancheur transparente
Aujourd'hui si brillante,
Tu ne seras demain
Qu'une tige nue et flétrie
Que l'on jette sur le chemin,
Avec l'herbe de la prairie.

Jeune fille, écoutez : De vos riches couleurs

Il ne faut pas être si fière ;

Vous avez la beauté des fleurs,

Mais leur éclat ne dure guère.

Songez aux qualités du cœur,

C'est le parfum doux et céleste

Que laisse après elle une fleur ;

Car beauté passe et bonté reste.

Février 1841.

SAINTE-HÉLÈNE.

Pendant un lustre entier, l'on vit à Sainte-Hélène,
Plus grand que ses malheurs et bravant les destins,
Le grand homme, accablé sous le poids de sa chaîne,
Endurer les tourments de ses vils assassins.
Il supportait pourtant cette horrible existence ;
Victime résignée à ce triste abandon,
Il espérait, hélas ! par sa longue souffrance,
    Du ciel obtenir son pardon.

Descendant à pas lents le sentier solitaire,
Il s'arrêtait auprès de la fontaine claire,
Sous le dôme tremblant d'un vert saule pleureur,
Là, loin de tout témoin, déchu du rang suprême,
Sur ses destins passés méditant en lui-même,
  Souvent s'asseyait l'Empereur.

Alors qu'il déroulait les pages de sa vie,
Il contemplait heureux ces beaux jours d'Italie;
Quand, soldat du pays, du haut du Saint-Bernard,
De ce grand piédestal qui cadrait à sa taille,
Comme l'aigle il planait sur ce champ de bataille
  Qu'il embrassait d'un seul regard.

Début d'une carrière aussi pure que belle !
Lutte en exploits féconde, à jamais immortelle !
Gigantesques combats du plus grand des héros,
Aux bords du Mincio, de l'Arno, de l'Adige,
Quand chaque jour voyait enfanter un prodige
  Suivi de prodiges nouveaux!

Sa gloire était encore intacte, sans nuage ;

Alors on n'avait pas à déchirer de page

Au livre où ses exploits se trouvaient tous inscrits;

Jusqu'à ce jour en tout sa glorieuse vie

Pouvait braver la haine et défier l'envie,

    Consacrée entière au pays.

    La riche et brillante auréole

    Des rives de Lodi, d'Arcole,

    Suffisait à sacrer son front ;

    Et d'une couronne gothique

    Le soldat de la république

    N'avait pas enduré l'affront.

    Que la gloire humaine est fragile !

Le colosse d'airain avait des pieds d'argile ;

Le vent du nord bientôt à terre l'eut jeté.

Du moment qu'il osa rêver la tyrannie,

Le Dieu du ciel lui dit : Ta carrière est finie,

    De tes jours le nombre est compté.

Prêt à saisir sa proie, il se sent pris au piége ;
Non loin de la Moskwa, l'avalanche de neige
Engloutit en un jour chevaux, canons, soldats ;
Ensevelit sa gloire en ces linceuls funèbres ;
Tremblant et fugitif, au milieu des ténèbres,
    Il revint seul dans ses états.

Le bras qui le guidait dans sa marche hardie
Aux plaines du Piémont et de la Lombardie,
Au sommet du Simplon, aux champs de Marengo,
Se retira de lui. Pris d'un soudain vertige,
L'aigle qui prit son vol sur les bords de l'Adige
    S'en vint tomber à Waterloo !

Captif, quand il pensait, dans sa bonté profonde,
Que Dieu lui confia les destins de ce monde,
Le sort de la patrie et de la liberté ;
Mais qu'oublieux trop tôt d'une gloire si haute,
Il avait, insensé, compromis par sa faute
    L'avenir de l'humanité ;

Le calme d'un instant, précurseur de l'orage,
Passait vite ; ses yeux se couvraient d'un nuage ;
Tout son corps frémissait d'une vague terreur :
Telle autrefois tremblait l'antique Pythonisse
A l'approche du dieu, ou la blanche génisse
    Conduite au sacrificateur.

Il ressentait alors mille angoisses mortelles ;
Tout-à-coup se rouvraient ses blessures cruelles ;
Seul il voulait lutter, vain, inutile effort ;
La nuit comme le jour, toujours l'âme obsédée
De cette désolante et déchirante idée,
    Il appelait à lui la mort.

L'œil fixé vers un point, aussi loin que sa vue
Pouvait sonder des cieux l'infinie étendue,
Il voyait approcher l'immense légion
De ces jeunes héros à la figure antique,
Les Hoche, les Marceau, fils de la république,
    Éblouissante vision.

Il comptait tour à tour les ombres de ces braves
Squelettes décharnés, spectres livides, hâves;
Mais chacun de ceux-ci par l'orage emporté
Disait, en lui lançant un regard de colère :
Réponds-nous, fils ingrat ! qu'as-tu fait de ta mère?
        Qu'as-tu fait de la liberté ?

Par moments s'élançant, la mine haute, fière,
Il semblait tenir tête à l'émeute guerrière,
Vouloir lui commander encor comme autrefois.
Mais malgré lui ses yeux se remplissaient de larmes ;
A l'aspect irrité de ses compagnons d'armes,
        Des sanglots étouffaient sa voix.

    En butte aux coups de la tempête,
Comme sous une égide il abritait sa tête
Sous les plis glorieux du manteau d'Austerlitz.
Il s'écriait, la voix de pleurs entrecoupée,
Comme César tombant mort aux pieds de Pompée :
        Eh quoi ! vous aussi, mes amis !

Il leur tendait les bras ; mais chaque ombre irritée,

Fuyant dans les vapeurs de la mer agitée,

Laissait tomber les mots de traître, d'assassin.

Il ne peut supporter ces tristes représailles ;

C'est là le mal secret qui brûla ses entrailles

Et déchira son sein ! !

Septembre 1840.

FAUTE D'AMOUR.

(Extrait du poëme des Dernières Amours de Versailles)

—❊—

Tout pour de l'or : tel est le cri de guerre
Que notre siècle inscrit sur sa bannière.
Quand l'avarice est à l'ordre du jour,
Avec rigueur ne traitons pas l'amour.
Faute d'amour aisément se pardonne.
En nous créant, Dieu nous a fait un cœur ;
C'est pour aimer. A ce charme vainqueur
Que tout mortel sans remords s'abandonne.

Péché d'amour ne damnera personne :
C'est là mon texte, et j'espère prouver
Que l'amour seul a droit de nous sauver.
A cet effet, et pour plaire à nos dames,
J'ai dû choisir entre mille programmes
Le plus galant et joyeux troudadour.
Je vais chanter Louis Quinze et sa cour.

Mais avant tout je veux célébrer Jeanne,
Fille excellente, encor qu'un peu profane,
Non Jeanne qui fut fatale aux Anglais,
Et dont l'histoire a redit les hauts faits.
Ma Jeanne à moi n'est rien moins que pucelle ;
Mais en revanche elle est jeune, elle est belle,
Elle est aimante. Oh ! vous qui préférez
Aux lourds appas d'une fière amazone
Sous le haubert étroitement serrés,
Un doux regard, une mine friponne ;
Aux coups d'estoc, aux fendants, aux revers,
Un pied charmant, une jambe mignonne,
En souriant vous relirez ces vers.

Je ne viens point, partant, comme tant d'autres

D'un Dieu de paix intolérants apôtres,

D'un zèle outré saintement enflammé,

Contre l'amour fulminer l'anathème.

Oh ! non ; je dis : heureux lorsque l'on aime,

Heureux surtout lorsque l'on est aimé.

Rappelons-nous et la Cananéenne,

Et la gentille et blonde Madeleine ;

Le doux Jésus, attendri par ses pleurs,

Lui pardonna de bien longues erreurs.

Combien depuis de jeunes pécheresses,

Dont le cœur eut de semblables faiblesses,

Qui n'en sont pas moins saintes pour cela,

Qu'un repentir touchant purifia !

Gardez-vous donc de condamner ma Jeanne,

Bien qu'elle brûle encor d'un feu profane ;

Mais que ce cœur sensible autant qu'aimant

En vous, lecteurs, trouve un juge indulgent ;

Qu'avec bonté vous daigniez lui remettre

Tous les péchés qu'amour lui fit commettre ;

Et puisse-t-on vous dire à votre tour :

Heureux qui peut pécher par trop d'amour !

1833.

A Monsieur B...

— ❊ —

Encor de ton beau ciel une étoile qui tombe,
O France ! et qui se meurt sous un ciel ennemi ;
Un soleil qui s'éteint, un beau nom qui succombe.
Pleure B........ !

S'il faut aussi m'éteindre au lever de l'aurore ;
S'il faut aussi mourir trahi par le destin ;

Si, pâle, sans espoir, mon astre qu'on ignore
S'incline à l'horizon dès l'heure du matin ;
Dans l'éternelle nuit s'il me faut disparaître
Sans laisser après moi le moindre souvenir ;
Dans l'horreur du tombeau s'il faut que tout mon être
S'abîme....; pour mon nom s'il n'est pas d'avenir ;
Je ne descendrai point à d'indignes bassesses,
L'on ne me verra point essayer de fléchir
Ou Tibère, ou Séjan par de lâches caresses ;
Oh ! non ! mourir cent fois plutôt que s'avilir !
Mourir ! quand tout sourit au printemps de la vie,
Quand son cours s'embellit de riantes erreurs,
Quand jeunesse, beauté, lorsqu'amour, tout convie
A s'asseoir au banquet le front chargé de fleurs,
Mourir !... Oh ! si jamais de sa flamme immortelle
Le peuple en son amour fût venu m'animer,
Mon astre presque éteint, vacillante étincelle,
A ce souffle puissant eût pu se rallumer ;
Dans son orbe constant, de sa course première
Il n'eût point dévié....; mais fidèle à l'honneur,
Il aurait jusqu'au soir poursuivi sa carrière ;
Pour lui l'on n'eût point dit cet hymne de douleur :

Encor de ton beau ciel une étoile qui tombe,

O France ! et qui se meurt sous un ciel ennemi;

Un soleil qui s'éteint, un grand nom qui succombe.

Pleure B........ !

Si le peuple eût voulu refuser le salaire

A tes nobles labeurs; s'il t'avait méconnu....

Mais le peuple lui seul a couvert ta misère

Quand tu vins à Paris souffreteux, presque nu.

Lui seul fut attendri par ton cri de détresse;

Orphelin, sans espoir, il te prit dans ses bras;

Enfant, il t'adopta; touché de ta faiblesse,

De ses mains il voulut guider tes premiers pas.

Comme la tendre mère, au nourrisson qu'elle aime,

Prodigue tour à tour ses caresses, ses soins,

Le peuple ainsi voulut, en sa tendresse extrême,

Non content de fournir à tes pressants besoins,

Changer tes longues nuits en de beaux jours de fête.

Du plus loin prévoyant ton glorieux destin,

Il aimait de lauriers à te ceindre la tête;

Sur le siége d'honneur te plaçait au festin;

Qu'étais-tu cependant ? Un enfant, sans patrie,
A la mort condamné ; mais son ardent amour,
Au prix de ses douleurs voulut payer ta vie ;
Du prix de ses bienfaits tu vivais chaque jour.
Oui ! tu dois tout au peuple : à l'abri de son aile,
L'aiglon qu'on méconnut bien long-temps a dormi ;
Mais au peuple aujourd'hui tu deviens infidèle ;
      Adieu B.........!

Hélas ! pourquoi quitter tes îles parfumées ?
Marseille et son vieux port, et ses grèves aimées ;
Ses bosquets d'orangers sur le bord de la mer,
Et ta douce Provence, autre Eden sans hiver ?
Fuis, fuis, jeune imprudent, la grande Babylone.
Ici le brouillard pèse ; ici l'air empoisonne.
Fuis la ville de boue, où le luxe insolent
Éclabousse à plaisir l'honneur et le talent.
Fuis ce séjour fatal.... A Paris, le génie
Finit par l'hôpital, ou bien par l'infamie.

                              1832

CE QUE FAIT UN ROI.

(Extrait du poëme de Sacrogordon.)

—❊❁❊—

Si j'étais roi, je voudrais que la France,
Après ma mort, un jour bénît mon nom.
Oui, dans mon cœur cette douce espérance
Luirait toujours, et mon seul Panthéon
Serait les cœurs où vivrait ma mémoire.
Par des bienfaits tous mes jours signalés,
Inaperçus passeraient dans l'histoire;
Aux conquérants je laisserais la gloire;
Mais par mes mains mes peuples consolés,

Par les impôts n'étant plus accablés,

Verraient enfin soulager leur misère.

De vingt châteaux, moi, je n'aurais que faire,

Et l'on verrait Gros-Jean, comme devant,

Bon fils, bon roi, bon époux et bon père,

Dans son grenier vivre heureux et content.

Si j'étais roi je ferais des miracles.

Nouveau Merlin, mon sceptre changerait

Le bien en mal, et brisant les obstacles,

Selon mes vœux bientôt tout marcherait.

Plus d'intrigants, d'ambitieux vulgaires;

Plus de discords, de haines, de partis;

Mais sous mes lois tous les Français unis

Voudraient enfin entre eux vivre en bons frères.

Puisque j'y suis, je voudrais bien encor

Voir regorger de blé l'aire et la grange,

Que tous les ans on fît triple vendange.

Oui, grâce à moi renaîtrait l'âge d'or.

Or à présent, puisque chacun s'en mêle,

Si quelque peuple, appréciant mon zèle,

Au même instant venait me prendre au mot,

Peut-être, hélas ! je ferais la culbute

Au premier pas, tout honteux, tout penaud ;

Ma cour serait celle du roi Pétaud,

De tous côtés à la satire en butte.

J'éprouverais, enfin, que quand il faut

Mettre la main à son tour à la pâte,

Le plus souvent la besogne se gâte ;

Et qu'il faut bien, quand on s'est trop hâté,

Et que l'on a sans son hôte compté,

Compter deux fois à son dam, à sa honte ;

Qu'alors souvent on trouve du mécompte ;

Qu'un roi toujours ne fait pas ce qu'il veut ;

Le plus souvent un roi fait ce qu'il peut.

1836

— ❋ —

Dans mon âme oppressée

Quand naît une pensée,

Qu'elle veut s'échapper,

Avec un soin extrême

Je la garde en moi-même ;

Oui, j'aime à la tremper

Au ruisseau de mes larmes ;

Au milieu des alarmes

Elle semble acquérir

Une force nouvelle ;

Je la trouve plus belle
Ma pensée éternelle,
Qui ne saurait mourir !

Esclave de la rime,
Mais faut-il que j'exprime
Ce qu'en moi je ressens ;
Les mots sont impuissants
A bien rendre, à traduire
Mon transport, mon délire ;
Des tableaux saisissants
Que créa ma pensée,
La fleur est effacée ;
Mon style, lourd, diffus,
Péniblement se traîne ;
Étouffé, hors d'haleine,
Bientôt je n'en puis plus.

Toi qui sais si bien rendre,
Exprimer en tes vers

Les sentiments divers

Qu'un grand cœur peut comprendre,

Si tu daignais m'apprendre

Les secrets de ton art;

Content de cette part,

Pour embellir ma vie,

Dans mon unique envie,

Dans mon plus doux espoir,

Je ne voudrais avoir

Qu'une corde à ma lyre,

La corde qui gémit,

La corde qui soupire,

La corde qui redit,

Comme l'ombre plaintive,

Ou l'onde fugitive,

Un hymne de douleur.

Ange consolateur,

A tes ordres docile,

J'irais de ville en ville

Soulager le malheur.

Sur ma lyre attendrie,
A la mère qui prie
Au pied du crucifix,
Dans sa douleur amère,
Et touché de ses cris,
Je lui dirais : O mère !

Pleure ton jeune fils,
L'objet de ta tendresse,
Tes uniques amours,
L'espoir de tes vieux jours.
L'appui de ta vieillesse.

Portant mes pas plus loin,
Du haut de la colline
Regardant avec soin
Dans la plaine voisine,
Dès que j'apercevrais
La famille exilée
S'avancer désolée ,

Bien vite je courrais ;

De loin je leur dirais :

Jour à jamais prospère,

O nobles inconnus !

Soyez les bien-venus ;

Agréez ma prière,

L'horizon est bien noir.

Entrez dans ma chaumière

Vous reposer ce soir ;

Puis, poursuivant ma route,

Égaré près du bois,

L'aveugle qui m'écoute

Entendrait une voix

Qui doucement l'appelle.

Devenu son soutien,

Devenu son gardien,

Son compagnon fidèle,

Donnant à mes accents

Une douceur nouvelle,

Je dirais aux passants :

Vous qui dans l'opulence

Coulez des jours heureux,

Soulagez l'indigence,

Montrez-vous généreux,

Pour qu'au printemps la pluie

Engraisse vos moissons ;

Pour que la branche plie

Sous la grappe mûrie ;

Afin qu'à vos garçons

Dieu donne le courage ;

Afin que de l'orage

Il garde votre champ.

Donnez au mendiant,

Pour que Dieu sur vos filles

Répande la beauté ;

Que la fécondité

Règne dans vos familles ;

Donnez pour que toujours

L'amitié vous unisse,

Que la paix embellisse

Le reste de vos jours ;

Pour qu'en tout temps la joie

A vos foyers s'asseoie.

Oui, soyez généreux,

Car Dieu sur cette terre

Vous fit dépositaire

Du bien des malheureux.

Donnez, donnez sans cesse ;

Donnez avec largesse ;

Car le denier jeté

Au sein de l'indigence

Fera du bon côté

Trébucher la balance

De l'immortalité !

1852.

A Monsieur Reboul.

(A l'occasion de son poëme du Dernier Jour.)

— ❊ —

A l'aspect imposant des merveilles passées,
Ton esprit se nourrit de solides pensées,
Reboul, dans la cité, fille des vieux Césars,
Tu grandis au milieu des monuments épars,
Cet immense *Forum* et ces vastes arènes
A la chute du jour où seul tu te promènes,

Ces temples abattus, ces chefs-d'œuvre des arts,

Que tu foules aux pieds, contristent tes regards.

A ces grandes leçons du passé tu t'inspires ;

Au milieu des tombeaux interrogeant le sort,

Tu planes au-dessus des débris des empires,

    Ainsi que l'ange de la mort.

Du faîte désolé de cette immense tombe,

Quand ton regard distrait, par hasard, sur nous tombe,

Les hommes d'à présent te semblent si petits,

Qu'à l'aspect imprévu de leurs troupes armées,

Il te semble de loin voir de faibles pygmées

Ramper au pied des murs par les géants bâtis ;

Disparaître en entier dans les larges crevasses,

Où vingt peuples divers se trouvent engloutis.

Ces murs dont les débris recouvrent tant de races

Sont contre nos efforts à jamais garantis ;

Devant la majesté de leurs puissantes masses,

    Nous demeurons anéantis.

Dans ce lointain passé que ton regard explore,

Tu prétends deviner l'avenir qu'on ignore.

Le marbre dépoli, de mousse recouvert,

Que grave lentement le marteau des années,

Pour ton œil scrutateur est comme un livre ouvert,

Où de nos temps futurs tu lis les destinées.

En ce tableau si vaste à notre étude offert,

Des faits contemporains tu devines les causes ;

Tu reconnais qu'après tant de métamorphoses,

Sous des noms plus nouveaux des temps qui ne sont plus

Nous avons conservé tout... moins les grandes choses,

    Les vices, mais non les vertus.

D'un tel enseignement tu sais te montrer digne,

Oh ! tu ne portes pas un cœur qui se résigne

A de bas compromis, trop au-dessous de toi ;

De tout lâche penser ta grande âme s'indigne,

Comme tu n'as qu'un Dieu, tu n'as non plus qu'un roi.

Heureux, ou malheureux, tu leur restes fidèle.

J'en connais (à leur tour ils ont fait des ingrats)

Qui devraient t'imiter, qui ne t'imitent pas.

Quelque sainte que soit cependant ta querelle,
Et bien que le malheur à mes yeux soit sacré,
Je te dirai, Reboul, entre nous, que ton zèle
          Parfois me semble exagéré.

Quand le Dante, proscrit de l'ingrate Florence,
Éternisait sa gloire ainsi que sa vengeance,
Et que ses ennemis, pantelants, consternés,
Se retrouvaient vivants au milieu des damnés ;
Quand le lion poussait le long cri de souffrance,
C'est qu'il avait perdu tout, jusqu'à l'espérance.
Le Dante cependant pleurait moins ses malheurs
Que ceux de son pays ; car, hélas ! le grand homme,
Sous la terrible main de la Fatalité,
Voyait en ce moment Pise, Florence et Rome
          Mourir avec la liberté.

Alors il était beau, moderne Jérémie,
De pleurer sur les maux d'une ingrate patrie,
Assis dans la poussière au milieu des débris

Ou bien, se redressant sur la pierre isolée,

A l'aspect de leur gloire à jamais écroulée,

Sans cesse de pousser de lamentables cris,

Comme la mère désolée

A qui l'on arrache ses fils.

Il était beau, voyant son audace trompée,

Loin de trembler devant la puissance usurpée,

Aux oppresseurs, au lieu de se montrer soumis,

De reporter l'effroi parmi ses ennemis;

Sur la lame d'airain de ses larmes trempée,

Du tronçon mutilé de sa fidèle épée,

De tracer la sombre épopée

De la vengeance des partis.

Quand tout autour de nous suit sa marche ascendante

Que l'on vienne emprunter son vieil enfer au Dante,

Pour y brûler, avec plus ou moins de bonheur,

Quelques pauvres bourgeois surpris d'un tel honneur;

Que l'on s'échauffe à froid, et que d'ahan l'on sue,

C'est vouloir sans motif prendre un air fanfaron,
     D'Hercule emprunter la massue
     Pour écraser un moucheron.

Sans doute il est honteux qu'enivrés de nous-mêmes,
Aux grandeurs du passé nous jetions nos blasphèmes ;
Que l'affreux piédestal que dresse notre orgueil
Soit formé des débris qu'on arrache au cercueil ;
Mais d'un excès contraire il faut qu'on se défie :
Sous peine d'arrêter de généreux efforts,
     Il ne faut pas qu'on sacrifie
     Les vivants au culte des morts.

Toujours pour le présent tu te montres sévère,
Et, chagrin à l'excès, tu nous fais Dieu colère.
Tel que tu le dépeins, c'est un épouvantail.
Ce n'est plus le pasteur, qui, lorsqu'il l'a pleurée,
Accablé sous son poids, reconduit au bercail,
Rapporte dans ses bras la brebis égarée.

Dieu veut à tout prix nous punir,
Le monde, dis-tu, va finir.

L'oiseau qui tendrement gémit sous le feuillage
Ne nous apporte point un lugubre présage;
Heureux et confiant, dès le premier beau jour
Il construit avec soin au fond de la charmille
Le nid qui recevra sa nouvelle famille;
Dans sa brûlante ardeur, dans son instinct d'amour,
De son bec indiscret, des pennes de son aile,
Il aime à caresser sa compagne fidèle.
Heureux comme l'oiseau qui se fie au destin,
Je ris des malheurs que tu crains.

A l'heure où lentement l'astre du jour s'incline,
Avec moi viens t'asseoir sur la haute colline,
Regarde sous tes pieds, vois là-bas le soleil
Descendre à l'horizon éclatant et vermeil;
L'étoile de Vénus au fond des cieux scintille,
La lune avec mystère au zénith immobile

Suspend pour un moment sa course au sein des airs;
Tout dort, tout est plongé dans une paix profonde !
Quel repos éloquent que le sommeil du monde,
    Que le calme de l'univers !

Alors que tristement pas à pas je m'avance
Vers le but où plus tard tout doit se réunir,
Je me sens de pensers amers circonvenir;
Mais bientôt j'aperçois le souris de l'enfance,
Et je m'écrie alors rempli de confiance :
Non, ce monde n'est pas sitôt près de finir !
J'accepte le présent avec reconnaissance,
Du passé je conserve un tendre souvenir;
Mais plus heureux que toi, prêtre de l'espérance,
    J'aime à sourire à l'avenir !

Juin 1840.

AVIS AUX GOUTTEUX.

(Extrait du poëme des Dernières Amours de Versailles.)

—◦◯◦—

Ah ! si toujours notre belle jeunesse
Pouvait durer ; toujours, sans être las ,
Si l'on pouvait caresser sa maîtresse ,
Comme à vingt ans l'enlaçant dans ses bras,
Soudain renaître et retrouver sans cesse
Nouvelle ardeur pour de nouveaux ébats ;
Si l'on pouvait, quand un beau sein s'agite,
Quand un sourire au plaisir vous invite ,

A soixante ans savoir répondre vite ,

Sans hésiter ; mes amis, en ce cas ,

Seul et content près de ma douce amie,

Sans autres soins je passerais ma vie ;

Car, à mon sens, les plaisirs d'ici-bas ,

N'est celui-là, sont froids, et je parie

Que sans regret plus d'un homme en crédit,

Que plus d'un fat, que plus d'un bel esprit,

Laisserait là gloire, honneur et richesse,

Si l'on pouvait lui rendre sa jeunesse ,

La vive ardeur du premier appétit.

Mais par malheur l'importune vieillesse

Bientôt arrive avec ses blancs cheveux ,

Son long menton, ses rides, sa tristesse ;

L'on veut en vain faire encor l'amoureux;

Goutteux , perclus, payer une maîtresse,

Faire le beau comme un brillant *dandy* ,

Ou folâtrer comme un jeune étourdi.

Folie ! erreur ! Celui-là seul est sage

Qui sait régler ses goûts d'après son âge,

Qui se connaît, et qui sait que l'amour
Ne reçoit point de goutteux à sa cour.
Dès qu'un vieillard veut faire la folie
De s'y montrer, le dieu le mystifie ;
Il vous le berne et de belle façon ;
Mais nul ne met à profit la leçon.

Que chacun donc, quand il sent sur l'échine
Le poids des ans, sagement s'achemine
Vers d'autres jeux et vers d'autres plaisirs ;
Que, modérant ses vœux et ses désirs,
Il rêve alors à sa jeune famille.
S'il est papa, qu'il dirige son fils,
Et qu'il amasse une dot à sa fille ;
Ce sont des goûts à son âge assortis.
S'il est garçon, vieux conteur de fleurettes,
Dès quarante ans, vite, crainte de pis,
Qu'il se retire et laisse les coquettes ;
Que sans tarder il acquitte ses dettes,
Et qu'il repose auprès de sa Suzon,
Bien garanti sous un chaud édredon.

1855.

AU CHANTRE DE MARIE

Après son retour d'un voyage en Italie.

— ❦ —

Hélas ! je sais un chant d'amour
Triste et gai tour à tour.
BRIZEUX.

Toi qui visitas Rome,

Que je connus enfant,

Je te vois enfin homme ;

Je te vois déjà grand.

La limpide fontaine,

La source du hameau,

Fut pour toi l'Hippocrène.

J'ai bu de la même eau ;

Mais, hélas ! pour ma muse
Cette eau pure sera
La source de Vaucluse,
Où Pétrarque pleura.

Pour des destins prospères
Il faut que tu sois né ;
Par la main des bergères
Ton front fut couronné.

A toi seul ces guirlandes ;
Pour toi de jolis doigts
Tressent la fleur des landes,
Le liseron des bois.

Oui, ta muse facile,
Par ses accords touchants,
A su plaire à la ville,
A su charmer les champs.

A la jeune Marie

Tu dis un chant d'amour,

Le chant de la patrie,

Triste et gai tour à tour.

Dans les bras d'une amante

O toi qui t'endormis !

Chante, poète, chante ;

Hélas ! moi je gémis !

29 août 1841.

LA ROSE ET LA TOMBE.

Pâle fleur qui crois sur la tombe,
Et dont la corolle retombe
Sur la tige d'un air rêveur,
Raconte-moi ta destinée,
Dis-moi qui sitôt t'a fanée,
Dis, qui t'a ravi ta fraîcheur?

Est-ce le vent, est-ce l'orage,
Qui t'a brisée à son passage?

Est-ce le pied du fossoyeur,
Ce pied qui brise toute chose,
Et la pétale de la rose,
Et la tête de l'empereur?

Dans cette demeure attristée,
D'où, par qui fus-tu transportée?
Par le zéphir ou par l'oiseau?
Ou bien, dans sa douleur amère,
Une soigneuse et tendre mère
Voulut-elle orner ce tombeau?

La mort, qui n'épargne personne,
Peut-être effeuilla la couronne
Que l'amour tressa de sa main;
La fraîche guirlande enlacée
Aux blonds cheveux de la fiancée,
Servit à ce dernier hymen?

C'est de la couronne d'un ange
Que tu tombas ; aussi la fange
Ne devait jamais te ternir ;
Avec amour, ô pâle rose !
Contre mon cœur ici repose,
Tendre et douloureux souvenir.

Oui, tu pouvais, fleur printanière,
Orner le front d'une rosière,
Parer le sein de la beauté,
Ombrager d'orgueilleuses têtes,
Savourer au milieu des fêtes
La coupe de la volupté.

De la pitié touchant modèle,
Tu préféras rester fidèle
Au culte sacré du malheur.
Pauvre recluse solitaire,
Ton maintien, ton regard austère,
Sympathise avec ma douleur.

Hélas ! en cet endroit repose
Une autre fleur, une autre rose
Que brisa la faux du trépas.
Quand viendra la saison nouvelle...
Mais hélas ! cette fleur si belle,
Frais bouton ne s'ouvrira pas !!

1840.

À S. A. R.

LE PRINCE ALBERT DE PRUSSE.

FRANCE ET ALLEMAGNE.

—❀—

Allemagne, ma bonne sœur,

Je t'offre ma main et mon cœur.

Faut-il renouveler nos trop longues querelles

Et nos attentats odieux ?

Craignons de mériter la colère des dieux

Par nos discordes éternelles.

Je t'en conjure, désormais

Toutes les deux vivons en paix ;

Profitons mieux des biens que le ciel nous dispense ;

Louons le maître des humains,

Et pensons à jouir des bienfaits que ses mains

Versent avec tant d'abondance.

Combien nos destins sont heureux !

Tout semble sourire à nos vœux.

A nous, ma chère sœur, les fortunés rivages ;

A nous les antiques forêts,

Les fleuves, les vallons, les fertiles guérets,

Ainsi que les gras pâturages.

Nous avons aux flancs des coteaux

Des brebis, de petits agneaux,

Dont la toison ressemble au fin duvet du cygne ;

Nous avons le houblon vermeil ;

Et pour nous en automne un bienfaisant soleil

Mûrit le doux fruit de la vigne.

La Providence en sa bonté

Donne à tes vierges la beauté,

A tes jeunes garçons la force et le courage,

L'adresse dans les jeux de Mars ;

Aux femmes la pudeur, la prudence aux vieillards.

Que désires-tu davantage ?

Bien loin tout sentiment jaloux ;

Ma sœur, nous pouvons entre nous,

De vertus, de talents faire un heureux échange :

Le grand peintre d'Arminius

Egale nos David (1), le fier Cornélius

Se place près de Michel-Ange.

Si les Corneille et les Boileau,

Si les Voltaire et les Rousseau,

Brillent d'un pur éclat sur les bords de la Seine,

Le Mein, la Sprée et le Necker

Ont Gœthe avec Klopstock, et l'immortel Schiller,

Qui seul illustrerait ta scène.

(1) Wilhelm Kaulbach.

Celui dont le nom t'est si cher,

Frédéric Deux, le vieux Blücher,

Portèrent assez loin la gloire de tes armes,

Avec tes drapeaux triomphants.

Nos guerres n'ont déjà coûté que trop de larmes,

Que trop de deuil à nos enfants.

Sous le sceptre des arts unis,

Depuis long-temps déjà nos fils

Ne forment qu'un seul peuple et n'ont qu'une patrie.

Plus de souvenir importun;

En rivaux généreux, dans l'intérêt commun,

Luttons contre la barbarie.

Prêtons-nous un utile appui;

Allemagne et France aujourd'hui

Formons une alliance et sainte et solennelle.

Je t'offre ma main et mon cœur;

Oui, que notre union, Allemagne, ô ma sœur!

Dès aujourd'hui soit éternelle.

Vierge pudique, sans mourir,

Ah! comment pourrais-tu souffrir

Les odieux transports d'un despote farouche!

Reine, déesse des beaux-arts,

Les baisers dégoûtants des Baschirs, des Tatars

Doivent-ils profaner ta bouche?

As-tu si faiblement à cœur

Ta gloire, ainsi que ton honneur?

L'intérêt, le salut de l'antique patrie

N'est-il à tes yeux d'aucun prix?

Ou du sang généreux du fier Ambiorix

La source est-elle en toi tarie?

Réveille-toi, peuple Germain!

Debout! et la framée en main,

Contiens la barbarie à tes portes campée!

Arrête ses hideux soldats,

Qu'ils viennent se heurter, s'ils font encore un pas,

A la pointe de ton épée!

Novembre 1840

MES VŒUX.

(A M.... devenue Comtesse.)

Reste jeune et belle,
Amante cruelle,
Amante infidèle,
Compte de beaux jours.
Sur ce doux rivage
Que ton cœur volage
Ait pour son partage
D'heureuses amours.

O ma tendre amie !

Que toujours ta vie

Puisse être embellie

Des biens les plus doux !

Quand ton cœur oublie

Le nœud qui nous lie,

Pour toi je supplie

Le ciel à genoux.

Que l'onde qui coule

Pour toi seule roule

Les rubis en foule

Sur un sable d'or !

Que l'humide mousse,

Au printemps si douce,

Sous tes beaux pieds pousse

Plus moelleuse encor !

Que sous la feuillée

Doucement mouillée

La troupe éveillée

Des petits oiseaux

Gazouille et babille ,

Et que leur famille

En tes mains grapille

Les pampres nouveaux !

Charmante syrène,

Deviens châtelaine,

Dame suzeraine

De vassaux soumis;

Ou qu'un prince même

Sur ton diadème,

A pleine main sème

L'or et les rubis !

De luxe brillante,

Belle, souriante,

Parcours triomphante

Tes vastes États;

Et, doublement reine,

En tous lieux sans peine,

D'un regard enchaîne,

Les cœurs à tes pas !

Amante légère,

Dans ton sort prospère

Néanmoins n'espère,

Ne compte jamais,

O mon bien suprême !

Qu'un autre amant t'aime

D'une ardeur extrême,

Comme je t'aimais !

Mai 1841.

A M. DE CHATEAUBRIAND.

« Descendons à pas lents le sentier solitaire

» Qu'abrite des vieux ifs l'ombrage séculaire ;

   » Profitons des derniers beaux jours.

» Maître, ce lieu charmant, cet Eden nous rappelle

» De bien doux souvenirs ; c'est l'image fidèle

   » Du vallon des premiers amours.

» Là, vous me parlerez de la douce Bretagne,

A imable et jeune sœur, belle et chaste compagne,

» Qui jadis a veillé près de votre berceau ,

    » Et dont l'amitié vive et tendre

    » Viendra veiller sur votre cendre

    » Et prier à votre tombeau.

» — Enfant, arrêtons-nous. De même que la branche

» Cède au poids des fruits mûrs, ainsi mon front se penche.

» Mes pieds sont paresseux, et mes pas plus pesants

» Traînent soixante hivers avec quelques printemps.

    » Lorsque je regarde en arrière ,

    » Qu'elle est immense ma carrière !

    » Que d'espace il faut parcourir

    » Pour gagner son dernier asile ,

    » Cette froide maison d'argile,

    » Où le gazon doit nous couvrir !

    » Jeune encore et l'âme navrée,

    » Je fuis une terre adorée,

    » Livrée aux fureurs des partis,

    » Où la discorde seule règne ;

» Mais en m'éloignant mon cœur saigne

» De tous les maux de mon pays.

» Je vais promener ma tristesse

» Aux coteaux riants de la Grèce,

» Sur les rives de l'Eurotas ;

» D'une voix grave, solennelle,

» Bientôt avec force j'appelle :

» Léonidas ! ! Léonidas ! ! !

» De Sion j'ai gravi la cime ;

» Sur tes ruines, ô Solyme !

» J'ai reposé mon front rêveur ;

» J'ai couru visiter la crèche

» Où, sur un peu de paille fraîche,

» Pour nous naquit un Dieu sauveur.

» Le Jourdain voit près de sa rive

» Passer ma barque fugitive ;

» Assis sur le tertre isolé,

» Le barde moderne des Gaules,

» A l'ombre épaisse des vieux saules,

» Redit le chant de l'exilé.

» Ma nef que poussent les orages

» Aborde de lointains rivages ;

» Fuyant les désirs de mon cœur,

» Au milieu des forêts profondes,

» Sur une tombe des deux mondes,

» Je cueille la plus belle fleur.

» Par le malheur l'âme mûrie,

» Je revois enfin ma patrie.

» Quelque gloire ombrage mon front ;

» Mais rien ne peut remplir le vide

» D'une âme de rêves avide,

» Tant du cœur l'abîme est profond !

» Enfant, pour mon dernier asile

» Cette vallée est trop tranquille ;

» Il me faut des lieux plus déserts.

» Pendant l'ennui des longues veilles,

» Afin de charmer mes oreilles,

» Il faut la grande voix des mers.

» Il me faut la douce patrie,

» De mon cœur tendrement chérie ;

» Près des écueils de Saint-Malo,

» Sur le penchant de la colline,

» D'où l'œil sur l'Océan domine,

» Aux flancs des rochers un tombeau !»

Orgueil d'un vieux Breton ! fierté vraiment royale !

Non, tu n'as pas voulu d'une tombe banale,

Si belle qu'elle fût : au vieux barde, pour lit,

Il faut et le dol-men et le bloc de granit ;

Il faut, pour qu'un tombeau cadre à si noble taille,

Que, de son bras puissant, Dieu lui-même le taille.

Aucun ouvrage humain ne serait assez grand

Pour contenir ta gloire ; aussi, Chateaubriand,

Sans crainte, prévoyant de loin ta dernière heure,

Tu t'es choisi d'avance, afin de t'y coucher,

Une retraite sombre, au creux du vieux rocher.

L'Océan en grondant y creuse ta demeure,
Autour le vent mugit, et la mouette pleure.

Du chantre d'Atala céleste précurseur,
On dit que depuis peu le cygne voyageur
Se plaît à revenir dans cette anse ignorée,
Baigner son corps de neige en la mer azurée.

O génie immortel! si l'instinct de ton cœur
N'avait avec dédain décliné cet honneur,
 Regardant le héros en face,
 Tu serais venu prendre place
 Sous le dôme du Panthéon :
 Noble pendant, double épopée,
 CHATEAUBRIAND, NAPOLÉON,
 Ici la plume, et là l'épée!!!...

Septembre 1841.

Fin.

TABLE.

FIN DE LA TABLE.